山西省高等学校哲学社会科学研究项目资助

山西省高等学校人文社科重点研究基地
——运城学院河东文化研究中心资助

山西省重点扶持学科运城学院中国语言文学学科资助
2019年度山西省哲学社会科学后期资助课题资助

关公后裔聚居地关公文化传承现状调查研究

——以运城市西古村为考察中心

宋洁　杨丽　著

中国戏剧出版社
CHINA THEATRE PRESS

图书在版编目（CIP）数据

关公后裔聚居地关公文化传承现状调查研究 ： 以运城市西古村为考察中心 / 宋洁，杨丽著. -- 北京 ： 中国戏剧出版社，2020.8
ISBN 978-7-104-04966-1

Ⅰ. ①关… Ⅱ. ①宋… ②杨… Ⅲ. ①关羽（160-219）—文化研究—运城 Ⅳ. ①K825.2

中国版本图书馆CIP数据核字(2020)第124685号

关公后裔聚居地关公文化传承现状调查研究：以运城市西古村为考察中心

责任编辑：赵宇欣
责任印制：冯志强

出版发行：中国戏剧出版社
出 版 人：樊国宾
社　　址：北京市西城区天宁寺前街2号国家音乐产业基地L座
邮　　编：100055
网　　址：www.theatrebook.cn
电　　话：010-63385980（总编室）
传　　真：010-63383910（发行部）

读者服务：010-63381560
邮购地址：北京市西城区天宁寺前街 2 号国家音乐产业基地 L 座

印　　刷：北京九州迅驰传媒文化有限公司
开　　本：889mm×1230mm　1/32
印　　张：6.875
字　　数：180千字
版　　次：2020年8月　北京第1版第1次印刷
书　　号：ISBN 978-7-104-04966-1
定　　价：79.00元

前 言

关公现象，自生成至今，已逾一千余年。对这一现象的研究，无论专著还是论文，皆可用汗牛充栋形容。中国历史上，除儒、道、法诸家，很少有个人被如此持续地、高密度地关注，且最终完成由人到神的置换。

本人研究关公现象多年，与之相关的专著、论文，只要有幸见到，总要认真阅读、深入思考，通过文字间接获取信息。同时，辅以实地考察，如与关公故里长者交流、参加各种活动、了解关公现象与民俗民情的关系等，可视为直接获取信息。另外，关公形象的生成，文学作品，如小说、戏剧、词曲等功莫大焉，这当然是间接获取信息的另一形式。通过多年努力，自身良多获益的同时，对关公现象的认识亦日渐完善——仍在继续完善，表现在两个方面：其一，关公形象在我的观念中越来越明晰，越来越定型，这是一个非常文学化的、令人愉悦兴奋的过程；其二，关公形象作为民间文化形态，逐渐扩散、衍化，形成独特的关公现象，其特征和形式有待进一步研究，这一现象的生成，反过来推动社会的文化生态建设，对社会的有序运行产生良性作用。

在新的历史时期，关公现象自然要有新的、与时代相符的内容和形式，非旧瓶装新酒，乃新瓶装新酒。先贤时彦做了大量工作，其探究的勇气和秉持的公心令人感佩，从他们的努力中，我能时时感受到伟大的人格力量，这也是促使我不停地于此求索、追问并试图回答的内在动力。

对当下关公现象的研究，我有几点感受或想法，成熟与否有待鉴定，问题的核心在于，想通过此种交流，促进研究向纵深发展。

第一，重践行。在“知行”体系中，当下的研究，主要力气集中于知，对研究者个人而言，这当然没有什么不合理处。如果以康德的“纯粹理性”和“实践理性”划分考察，关公现象更接近“实践理性”，而非纯粹的“纯粹理性”。将“知行”体系和康德的“纯粹理性”“实践理性”结合分析，问题会看得更清楚。这就需要在研究对象和方法上下功夫，不能把出版一部专著，或发表几篇学术论文作为研究目的，专著或论文很可能被束之高阁，或在专业人士中流转。走不出特定圈子，关公现象的社会功能便不可能实现。

第二，轻物质。目前的关公文化研究，除前述个人原因，主要配合当地政府的经济活动。文化现象，或关公现象，与经济活动有着千丝万缕的联系，但将研究重心转移到为经济服务，其实已经背离了关系现象的本意。物质文化建设和精神文化建设相互为用，不可偏废，但是，二者毕竟非同一主体，而且各自有各自适应或扩展的特定范畴。严格说，关公现象研究属精神文化建设，把精神文化建设的内容强行置入物质文化建设，既是急功近利的表现，对关公文化研究也会造成一定程度的伤害，影响关公现象社会功能的发挥。

第三，向下沉。从纵向历史考察，由人性关羽到神性关公，到生成影响社会文化生态结构的关公现象，有两种力同时起作用：一为庙堂，即统治阶级，二为民间，即民俗层面，前者弘扬关公的忠义精神，后者偏于义和信。二者的共同作用，才将关羽由人塑造成神，而且赋予了相当复杂的传统文化内容。但是，历史已进入二十一世纪，中国也由皇权专制社会进入现代文明社会，在一个管理者都是公仆的全新时代，忠义观念的时代要求已不复存在，由晚清至当下，这一变化表现得极为明显。所以，研究应当向民间层面扩展、渗透，把恺撒的最好还归恺撒。否则，关公现象的社会功能很难显现。

人无信仰不立。就个体生命而言，人类文明史的本质为个体人从自然人向文明人的转化史，这是一个漫长而充满苦难意识的自我修炼过程。由于个体生命长度有限，这一过程注定不可能由一代人完成，在这个意义上，它具有超越生命自身的特征，同时，它又是超越时间的、空间的。人类文明历经数千年岁月，除旧布新，集腋成裘，渐成汪洋之势，而且，在未来的时间之流中，它仍然以其超越生命自身性、时间性、空间性规范个人和社会的存在状态。关公现象，可以说是这一过程的细微支流，也是我们民族对人类文明的独特贡献。

对于站在时间点上的我们，既不能因科技的飞速发展和物质的极大丰富忽略它对整个人类文明的重要作用，更不能完全摒弃科技和物质进步对个体人的潜移默化。正如四百年前同样站在时间点上的那个人的思考：这是一个问题。我们不但要思考如何言，更关键的是要思考如何行。

子曰：“始吾于人也，听其言而信其行；今吾于人也，听其言而观其行。于予与改是。”信夫？

目录

绪 论

一、选题缘由

改革开放40多年来，我国的经济建设取得了巨大成就。与此同时，国家在转型发展、深化改革、生态治理、民生改善等方面也有了明显成效。但毋庸讳言，我们的文化建设相对滞后，社会上还存在着道德失范、人欲横流、精神失根、价值混乱等不良现象。许多有识之士开始追问幸福的真谛以及精神的出路。党的十八大明确提出“文化强国”战略；党的十九大再次提出“乡村振兴战略”，提出树立文化自信的重要性，指出我们必须进一步推动中国传统文化的创造性转化和创新性发展，因此“加强对优秀传统文化思想价值的挖掘和阐发，维护民族文化基本元素”是一项长期性的基础工作。2017年1月25日，中共中央办公厅、国务院办公厅印发了《关于实施中华优秀传统文化传承发展工程的意见》(以下简称《意见》)，《意见》指出，在五千多年文明发展中孕育的中华优秀传统文化，积淀着中华民族最深沉的精神追求，代表着中华民族独特的精神标识，中华悠久的传统文化是我们中华民族生存发展的“根”和“魂”，是我们民族数千年发展的动力。中华优秀传统文化对解决当代中国和当今世界面临的问题，对当代思想文化建设都可以提供有益的启示和借鉴，是我们最为深厚的文化软实力。因此，传承发展优秀传统文化是我们必须面对的时代课题。

当前，我国正处于由传统社会向现代社会转型的关键时期，做好“三农”工作，解决好“三农”问题成为稳定全局的“定海神针”，其中，乡村文化建设尤为重要。乡村振兴既要塑形，也要铸魂，乡村振兴，离不开乡村文化的振兴。“文化作为陶冶和塑造‘人’的重要因素，必须贯穿于乡村振兴的始终。”① 但随着农村城市化进程的加快，乡村文化建设不断地被边缘化，中国传统乡村文化日渐式微，导致“现实中的乡村文化与原本的传统文化、乡村历史记忆出现了断裂，农村陷入了较为严重的文化危机、伦理及秩序危机。”② 因此，振兴乡村文化任重而道远。

运城是关公故里，而关公文化是中华传统文化的重要组成部分，它孕育于源远流长、博大精深的中华传统文化基础之上，吸纳了传统文化丰富的营养，在其发展过程中又以其独具的特色充实和拓展了传统文化的内容。因此，挖掘、整理、提炼、传承关公文化优秀内涵，为培育文明乡风、良好家风、淳朴民风服务，也是振兴乡村文化的题中之义。

关羽，字云长，河东解县（今山西运城市解州镇常平村）人，为东汉末年刘备手下的一员大将。常被后世尊称为关公。武将出身的关羽，因其读《春秋》、讲忠义、践仁勇的一生，被历代当权者不断倡导、加封，儒释道三教共同尊崇。千百年来，关公早

---

① 龙文军等：《乡村文化振兴的现实解释与路径选择》，载《农业经济问题》，2019 年第 12 期。

② 江立华：《乡村文化的衰落与留守儿童的困境》，载《江海学刊》，2011 年第 4 期。

已由一位历史人物，升华为中华民族的一尊道德偶像，成为与“文圣人”孔子并肩的“武圣人”。孔子是我国古代伟大的思想家、政治家、教育家，其学说自汉代以来就备受封建统治者的推崇，由他开创的儒家学派对中国和世界都产生了深远影响。相对而言，孔子对中国士大夫阶层的影响更深刻；关公对中国民间大众、底层百姓的影响更深广。奉祀孔子的孔庙基本上只有县城才有，而关庙则遍布大江南北的各个角落。清代史学家赵翼曾感叹：“南极岭表，北极塞垣，凡妇女儿童，无有不震其威灵者，香火之盛，将与天地同不朽。”[①]1941 年前后，日本人曾在华北地区进行过细致而广泛的调研，目的是想从民众信仰中摸清鼓舞百姓奋勇抵抗的力量源泉所在。结果惊奇地发现：

> “（关羽）可能是华北乡村中供奉最多的神灵，被调查村庄中众多的关帝庙及庙碑即是证明。……最令人吃惊的是，人们从关羽的故事中引申出不同的传说和解释。……从关羽的神话的历史社会学过程中可以看出，社会各阶层从关羽的事迹中不断地引申出符合自己愿望的神力，尽管各社会集团对关羽这一神化人物的解释不尽相同，有时甚至互相抵触，最特殊的是满清帝国的态度，但日久天长，这些神话互相融合，使关帝成为无所不能的万能之神”。[②]

关公已然成为整个中华民族“护国佑民”的神祇。“明清间

① 参见《陔馀丛考》卷 35《关壮缪》。

② ［美］杜赞奇著，王福明译：《文化、权力与国家——1900~1942 年的华北农村》，江苏人民出版社 1994 年版，第 127—128 页。

一度遍布全国城乡的‘关帝’庙宇，不但使刘备、曹操、孙权这些三国时代的风云人物黯然失色，就连‘万世师表’的文圣人孔夫子也不得不退避三舍。”[①]

如果说“文圣”孔子主要从思想方面建构了伦理道德的体系，那么“武圣”关公则主要在实践层面成为践行该伦理道德的光辉典范。关公的不朽不在于“言”，而在于“行”，“三不朽”中的德与功是关公被树立为道德榜样的重要缘由，关公是“知行合一”的楷模。

关公文化孕育于源远流长、博大精深的中华传统文化基础之上，经历代不断充实发展，至今仍有着旺盛的生命力，并且新的时代不断赋予它以新的内涵。广大百姓对关公的崇拜历经千年而不衰，这一文化现象的背后折射出中国人对理想人格的建构、对“自我形象”的设计等复杂的民族心理。“关公”已经不仅是一个历史人物，不仅是一个文学形象，更是一个中华民族广泛认同和崇拜的符号。因此，考察关公文化与乡村治理、乡村振兴战略之间的关系，意义重大。运城乃关公故里，考察运城地区关公文化传承现状、传播方式及其与当地政治、经济、文化等方面的互动关系就有着重要的学术价值与现实意义。

通过梳理我们发现，大部分学者的关公文化研究仍是局限在对相关历史文献资料进行整理的基础上，从不同角度来研究关公文化产生的原因、主要历史脉络等问题，或是以民族志的形式记

① 胡小伟：《关公崇拜溯源·自序》（上），北岳文艺出版社2009年版，第1页。

录、描绘某一区域关公文化的现实状况，而缺乏对关公文化的现实观照。关公文化作为中华优秀传统文化的一部分，我们应致力于对其精华内容进行当代提炼，用学术研究为时代发展服务，在创造历史中研究历史。[①] 因此，作为当代学者，我们必须加强对关公文化优秀成分的挖掘和阐发，使其与当代文化相适应、与现代社会相协调，将其具有当代价值的文化精神真正弘扬起来。

西古村在关公故里地位特殊，乃关公后裔主要聚居地。近年来该村落的部分精英人士在关公文化的传播中发挥着重要引领作用，世界关氏宗亲联谊会的主要负责人也出自该村落。学术界近年来围绕“武庙之祖”所在地解州、“家庙之祖”所在地常平展开深入调研的为数不少，但对西古村关公文化传承现状进行调查研究的成果尚未发现，这也正是本课题的选题缘由所在。因此，该课题主要以西古村为考察对象，通过查阅文献、田野调查，了解西古村关公文化的传承现状，探讨新时代乡村文明建设中关公文化的社会功能，关公文化与地方文化建设内在的一致性，以及将二者统一起来的可能性途径。

二、研究方法的选取和研究角度的切入

本课题拟采用的研究方法：1. 社会人类学方法。注重田野调查，通过深入观察、访谈、问卷调查等方式对西古村关公文化传承现状进行追踪和调查，获取第一手资料。然后采用实证研究与

① 王学典：《在创造历史中研究历史》，载《史学理论研究》，2006 年第 4 期。

文献研究相结合的方法，对已获取的文献资料进行分析，探讨关公文化在新时代乡村文明建设中的社会功能。2. 跨学科交叉研究。从人类学、民俗学、宗教学、社会学等多个学科交叉的角度对西古村关公文化传承现状进行深入分析，了解民众的内在心理结构，以期培育乡民的主体意识，为乡村文化振兴服务。

在社会学界，学者们常会选取一个社区来作为自己的研究对象。这个被选取的社区既是大社会中不可分割的一部分，又必然会具有自己的特质。社会人类学者们总是试图透过这个小社区来窥视大社会，借助于尽可能充分的地方性描述来探讨整个大社会的特征与动因。人类学者马德生称此类方法为“社会缩影法”。[①] 费孝通先生的社会学著作《江村经济》可视为这一方法的开创性作品。《江村经济》系费孝通先生的英文博士论文《中国农民生活》的汉译本，是透过小型社区来窥视中国农村社会及其文化变迁的典型性的实验性范例。费先生曾阐释过自己的意图：“目的确是要了解中国社会，而且不只是这个小村所表现出来的中国社会的一部分，还有志于了解更广阔更复杂的‘中国社会’。”[②] 针对近年来兴起的传统文化热，我们也可以尝试选取一个个案来研究，“窥一斑而知全豹”，以此为切入点来研究这一热潮产生的背景是什么？它对于我们当下乡村振兴战略的意义何在？这一传统的复兴与我们民族国家的现代化建设是怎样的关系？[③]

社会学最主要的工作方法就是田野作业。不是单一依靠文献，

---

① 王铭铭：《村落视野中的文化与权力》，上海三联书店 1997 年版，第 402 页。

② 费孝通：《社会调查自白》，知识出版社 1985 年版，第 29 页。

③ 宋洁：《论当代文学的民间资源》，中国社会科学出版社 2010 年版，第 5—6 页。

而是要深入民间基层，去搜集第一手资料。这些鲜活的资料携带有丰富的信息，是我们对区域性社会进行细部研究的可靠资源。只有深入草根民众之中，真正了解他们的内在心理结构，才能更深刻地感受他们的灵魂世界，也才能更接近生活的本相。也只有这样，才能辨析出传统文化的哪些元素在当代社会转型中依然焕发着生命力，应予以发扬光大；哪些已失去存在价值，应当革除淘汰。[①]

三、“关公文化”概念的提出及其核心内涵

1.“关公文化”概念的提出

“关公文化”概念的提出始于1991年。时任《运城报》编辑孟海生先生公开发表《对关公文化的思考》一文[②]，首次明确提出这一概念，只是当时并未能获得大家广泛认同。之后数年，有学者相继提出类似概念，如梅铮铮先生使用的“关羽文化”[③]称谓，朱正明先生使用的“关帝文化”[④]称谓等。

三个概念都很明确，分别以关公、关羽、关帝来命名，相互间的区别也较明显。现在人们更认可“关公文化”这一概念，是因为其他两个概念有明显的不足。如“关羽文化”，关羽是东汉末年刘备手下的一员战将，是一个历史人物，严格来说，其本身确实没有多少文化可言。所以，“关羽文化”的称谓不利于更全面、

① 宋洁：《论当代文学的民间资源》，中国社会科学出版社2010年版，第15页。

② 孟海生：《对关公文化的思考》，载《运城报》，1991年7月27日。

③ 梅铮铮：《忠义春秋——关公崇拜与民族文化心理》，四川人民出版社1994年版。

④ 朱正明：《中国关帝文化寻踪》，今日中国出版社1996年版。

更明确地表达关公文化丰富的内涵。尹韵公先生所言“与其说关羽是一个名声显赫的历史人物，还不如说关公是中国传统文化中某种道德形象的完善寄托”[①]即是此意。再如“关帝文化”，关帝是后人对关公的封谥，融入了后人的理想与愿望，体现了人们对关公神灵的崇拜，关帝这一称谓本身就包含了丰富的文化内涵。但不足之处在于，“帝”是高高在上的，人们更多感受到的是敬畏感，缺乏亲切感。另外，关公本身是融儒释道三教于一身的复杂现象，而“关帝”这一称谓更多只是与道教相关联。

比较之下，“关公文化”这一概念更科学，更合理。“关公”是人们对关羽的尊称，他既是历史上的关羽，又融入了人们的主观情感，表达了人们对关羽的尊敬、爱戴之情。“关公”这一称谓，距离社会下层民众更接近，更富有人民性、群众性的特点，更有利于表达其作为人民大众之“义神”的形象。因而，如果说历史上真实的关羽缺乏文化内涵，那么后人心目中的关公，则已经是人们按照自己的主观愿望塑造而成的有着丰富文化内涵的新形象了。

自20世纪90年代以来，已有多位学者结合自己的理解对“关公文化”这一概念进行了界定。为方便论述，本书采用王志远先生在《关公文化学》一书中对“关公文化”的定义：“以历史人物关羽为原型，以忠、义、仁、勇等伦理观念为核心，以民俗、宗教、艺术、制度等形式为表现的传统文化体系，其本质是一种影响深远的英雄主义文化。”[②]

---

① 尹韵公:《正史中的关羽与演义里的关公》,载《光明日报》,1994年6月13日。

② 王志远、康宇:《关公文化学》，中国社会科学出版社2015年版，第14页。

2.“关公文化”存在的合理性

“关公文化”这一称谓是否合理，“关公文化”本身是否存在，至今仍有人对此持怀疑态度。主要理由在于，他们认为关公仅是历史上的一员武将，虽曾“威震华夏”，但也功亏一篑，兵败麦城，是一位悲剧英雄。关公虽与孔子并称文武二圣，但在向来以“太上立德，其次立功，其次立言”三不朽著称的传统社会，关羽虽已“立德、立功”，但未能留下系统的言论著作则成为缺憾。与孔子相比较，关公并没有自己的思想体系和理论创见，诸多学者以此来否认关公文化的存在。这一观点颇具代表性，但却属于“一叶障目，不见森林”，他们忽略了广泛存在的客观事实。

（1）关公文化不仅客观存在，而且影响巨大。

“汉封侯，宋封王，明封大帝；儒称圣，释称佛，道称天尊”，关公是历代尊崇、三教共奉的神明，是至今仍能圆融儒道释、和睦多民族、联结海内外的历史人物。关公的影响已经超越了阶级、民族和国家的界限，据统计，全世界已有逾 168 个国家和地区建有关帝庙。仅中国台湾，2300 万人口，就有关公信众 800 多万；面积 36000 平方公里的岛屿上，建有关庙 979 座；新竹县古奇峰新建造的关公圣像，竟高达 50 米，当时堪称世界之最。[①] 正如孟海生先生所言，“这种以活生生的人为源头，以关公为主题的物质与精神共有的文化现象，从庙宇的建造，到人们的深情崇拜，无以计数的建筑、塑像、楹联、匾额、诗歌、音乐、舞蹈、文学、曲艺、戏剧、电影、电视等文化艺术式样中，充分而独特地

---

① 参见王西兰《关羽传》，北岳文艺出版社 2014 年版，第 254 页。

表现‘关公’的文化，是任何人也不可小瞧与无视的事实。而且，这种文化还以其十分深厚的历史沉积力量，不以人意志为转移地发展着，内涵十分丰富，外延十分广泛”“以关公崇拜为主线的物质（庙宇、雕像、医院、学校等）与精神（祭祀、崇尚、文化作品等）均大量存在，并不断发展的文化，不正是一个完整的关公文化吗？”[①] 虽说孔子的思想学说自汉得到封建统治者的推崇以后，对我国两千多年的封建文化产生了巨大影响，但不可否认的是，在对民众心理信仰方面影响更为深远的则是关公。[②]

（2）“关公文化”概念的提出是人们对关羽这一历史人物从“关羽—关公—关帝”认识逐渐深化的结果。

“关公文化”概念的提出是一个理论创造，是人们对关羽这一历史人物从“关羽—关公—关帝”认识逐渐深化的结果。这对于“关公文化”的理论研究，是一个开创性的贡献。

作为历史上一名武将的关羽，也许确实没有多少“文化”可言。但“关公”则不同，这一尊称包含着人们对关羽的景仰和爱戴，“关公”实际上已成为多种形象的复合体。“关公文化”研究学者赵波曾对此有深入阐述：

> 他既是“历史的真实”的关羽，又是文学艺术中具有“艺术的真实”的关公，还是广大民众虔诚崇拜、真诚信仰的“想象的真实”的关帝。因此，我们面对的这位“关公”，已不仅仅是一位历史人物，而在很大程度上是一个文化

① 孟海生：《“关公文化”立名小议》，载《运城日报》，1996 年 7 月 22 日。
② 宋洁：《关公形象演变研究》，中国戏剧出版社 2017 年版，第 4 页。

形象，在他身上已融入了千百年来无数人们的很多很多“包装”、塑造。因而“关公”既包含了历史人物的关羽，又不能归结为历史人物的关羽。“关公”来源于关羽，又高于关羽，比关羽更典型、更概括，因而更深刻地反映了历史，代表了民众的崇高追求，因而“关公”是人们心目中的神灵和圣人，是一个包含丰富文化内涵的形象。正由于如此，关公已成为中华民族传统道德文化中的完美偶像，受到人们世世代代的顶礼膜拜。……关公文化的物态的、制度的、心态的丰富内容及其各种各样的表现形式，都是历史上诸多武将所根本不具有的；关公文化形成的独特的主体条件，关公文化产生的特殊途径及其发展演化的历史过程，也是其他历史人物所没有的。①

由此可见，关公的精神已积淀为一种民族文化心理，对人们的思想和行为产生着广泛而深刻的影响。不能说仅从现象上看关羽是一名武将，就得出不存在“关公文化”的结论。

3.“关公文化”的核心内涵

“关公文化”的核心内涵就是以忠义、仁勇、诚信为主要内容的伦理精神和道德品质。关公之所以能被不同时代、社会、族群所接纳，其核心基点就体现在关公文化所包含的主体思想中，即“忠义、仁勇、诚信”品格。

① 赵波等：《关公文化大透视》，中国社会科学出版社2001年版，第3—4页。

“忠义、仁勇、诚信”是中国古代传统道德规范体系中的重要内容。“忠”有忠诚、忠良等义，即忠诚无私、做事尽心竭力。即便在古代，忠也不只是对君主，故孔子提出“上思利民，忠也”的主张。“义”是合宜、应当之意，即正义合宜的道德和行为。故《礼记·中庸》曰：“义者宜也。尊资为大。”《论语·述而篇》指出：“不义而富且贵，于我如浮云。”“仁”是指仁爱、爱人，《论语·颜渊篇》云：“樊迟问仁。子曰：‘爱人’。”《孟子·告子篇》曰：“恻隐之心，仁也。”儒家的“仁”就是由对父母之爱、兄弟姐妹之爱，进而推及到对他人之爱。孔子把“仁”作为个人道德修养的最高境界，把“天下归仁”作为社会道德的最高理想。“勇”是勇敢、刚毅之意，即果敢不惧。儒家以“投身为义曰勇”，“知死不避曰勇”，“弃命为仁曰勇”，“持节不恐谓之勇”，“持义不掩曰勇”。“信”与“诚”概念较为接近。《说文解字》云：“诚，信也”；“信，诚也”。“诚”强调真诚、真实，“信”更强调守诺，当下的“诚信”概念更为强调遵规守信、公正公平。孔子强调人要“言而有信”，“诚信”也可谓是我们的立身之道、兴业之道、治世之道。[①]

关公是“忠义、仁勇、诚信”品格的践行者。关公一生追随刘备，为“兴复汉室”南征北战。早期在涿州与刘备、张飞结义后，关公对刘备就是忠贞不贰，“稠人广坐，侍立终日”，“周旋进退，不避艰险”。[②] 南下之后，关公攻城拔寨、艰苦征战，后又肩负镇守荆州、牵制曹吴的重任，一生恪尽职守，直至临沮遇难，都显

① 侯文正、刘益龄主编：《关公文化旅游志》，山西人民出版社 2006 年版，第 51—56 页。

② 陈寿撰：《三国志·关羽传》，中华书局 2016 年版，第 783 页。

示了关公对蜀汉和刘备的大忠。建安五年（200），刘备兵败后仓皇投奔袁绍，关公为保全两位嫂夫人，忍辱屈居于曹营。尽管曹操对他礼遇甚厚，但关公终不为之所动。在得知刘备去向后，“尽封其所赐，拜书告辞，而奔先主”[①]。这种“誓以共死”，一诺千金的忠诚，富贵不淫、威武不屈的气节，连曹操也慨叹：“事君不忘其本，天下义士也。”[②]折射出关公的“大义”。“华容道义释曹操”，长沙战役中“义释黄忠”，都被后人千古传颂。刘备投奔袁绍后，关公置个人安危于不顾，秉烛达旦，力保皇嫂及家小，体现了关公“仁”的一面。《三国志》记载关公“善待卒伍”，四个字已尽显关公的“仁”爱之心。关公作为一名武将，其神勇的一面更是不胜枚举。万军之中刺颜良、兵围襄樊、水淹七军、斩庞德、降于禁，都展现了关公作战的神勇；单刀赴会、刮骨疗毒则体现出关公坚强、刚毅、临危不惧之勇。关公的诚信精神渗透在他所有的“忠义”之举中，他的大忠和大义都是发自内心、表里如一、言行一致的。面对金钱美色的诱惑，关公坚持对刘备“誓以共死，不可背之”的态度，这是对当年“桃园结义”誓言的践诺；万军中力斩颜良，解曹操“白马之围”，是对自己“要当立效以报曹公乃去”承诺的完美诠释；“华容道释曹”是关公不忘旧恩，知恩必报的又一诚信之举。唐代名臣虞世南评价关公：“利不动，爵不縻，威不屈，害不折，心耿耿，义烈烈，伟丈夫，真豪杰，纲常备，

---

① 陈寿撰：《三国志·关羽传》，中华书局2016年版，第784页。

② 陈寿撰：《三国志·关羽传》，中华书局2016年版，第784页。

古今绝。”[1] 自唐代，关公就开始享受官方祭祀，先后有 16 位皇帝 23 次为其颁旨加封。解州关帝庙中至今保存有清康熙御笔“义炳乾坤”匾额，清乾隆御笔“神勇”匾额，清咸丰御笔“万世人极”匾额。关公已然成为中华民族传统美德的承载者和化身，成为“精忠贯日”“义薄云天”的伦理道德规范，因而受到社会各阶层的万代景仰。

正因为关公一生经历中所折射出的忠义、仁勇、诚信精神，方使他受到历代世人的尊崇，成为与“文圣人”孔子并肩的“武圣人”。

① 侯文正、刘益龄主编：《关公文化旅游志》，山西人民出版社 2006 年版，第 55 页。

第一章　村落情况

第一节　西古村的地理位置及人口概况

西古村隶属于山西省运城市盐湖区下辖的北相镇，位于盐湖区中部。西古村交通状况良好，距离运城市 18 千米，距北相镇 4.9 千米，运稷线南北贯穿整个村域，西侧与台运线平行。

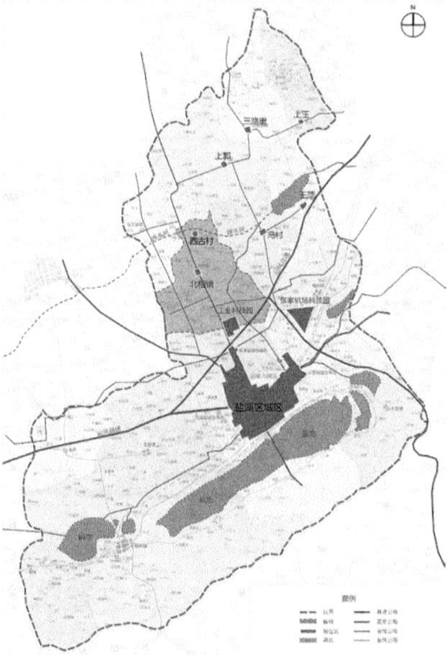

图 1-1　北相镇在盐湖区的行政区位

图 1-2　西古村村域形态与交通状况

西古村地势开阔平坦，村域形状较为狭长，南北延伸较长，东西向较短，面积 239.55 公顷，其中农林地面积 197.34 公顷。村落属暖温带半湿润大陆性季风气候，中北部有涑水河东西向穿过，地下水资源丰富。

西古村规模不大，全村现有四个生产队，在册人口 482 户、1673 人（本数据由盐湖区派出所提供，截止日期为 2020 年 2 月底），关姓占全村总人口的 80%。西古村除种植庄稼外，还积极发展了果树培植和大棚蔬菜，经济作物收入占到了总收入的一半。村里将自产的梨予以包装，冠之以“关圣酥梨”的美名，销往外地。近年来村里开始修建街道、美化村容，开发旅游景点。农民还自发组织起了关公锣鼓队，除自娱自乐外，在运城地区也颇有名气。为了更好地致富，本村村民有外出打饼子（“关公酥饼”）的传统，遍布全国，并形成一定规模，是本村村民重要的经济收入来源之一。村民选择在家务农的同时就近打零工的人口比例较低，所以每周回家、半月回家的人少；相反地，因为“打饼子”而前往北京、西安等大城市的村民却不在少数，他们往往一年回一到两次家。[①]据统计，村里常年外出务工人口超过千人，留守人口不足 500 人，即超过 2/3 的村民常年在外谋生。

图 1-3　西古村的“关圣酥梨”树

图 1-4　清明祭祀中在关帝阁前表演关公锣鼓

① 清华大学建筑设计研究院有限公司运算化设计国际研究中心 IRCCD：《村庄战略策划——北相镇西古村》。

第二节 西古村的历史渊源

汉末名将关羽，“字云长，本字长生，河东解人也。”[①]就是指关羽出生于古河东郡的常平（今运城市盐湖区解州镇的常平村）。后因除掉为害乡里的恶霸而逃离故土，并与刘备、张飞患难相携共举大业。据《关圣帝君图志谱系》《安邑县志》和西古村《关氏家谱》记载：当年关羽杀了恶霸吕熊后，官府欲将关姓族人赶尽杀绝，关羽父母为了不拖累儿子，投井自溺。其余关姓族人被迫外迁，部分就近隐姓埋名，远走者一路向北，举族迁往安邑古村（今北相镇西古村）。至于迁往安邑古村的原因，景梅九先生在《安邑县志》中解释道，“圣裔迁居之原因，则以帝远祖关龙逢在本邑。”又据《三国志·蜀书·关羽传》《关公世袭考证》《关姓的起源与播迁》记载，蜀汉灭亡后，庞德之子庞会尽灭关氏家族时，关公次子关兴支系被迫从蜀汉益州（ 四川成都）逃至湖北江陵一带，后定居信都（ 今河北冀州市）。三国归晋后，该支又从信都迁回到了故里解梁。后又觉解梁已无关氏宗亲，再迁居于安邑古村，以求平安生存。[②]可见安邑古村的关氏后裔是由关公次子关兴支系发展而来。安邑古村也就是西古村的前身。据关公后裔关新刚考证：

---

① 陈寿撰、裴松之注：《三国志·蜀书·关羽传》（下），中华书局 2011 年版，第 783 页。

② 关森柱：《关氏族谱》，山西人民出版社 2013 年版，第 151—157 页。

明万历四十二年（1614 年），明神宗万历皇帝敕封关公为“三界伏魔大帝神威远镇天尊关圣帝君”后，关公始称“圣”，该村也被尊称“圣裔庄”。过去，该村的南北堡门楼上曾刻有村名“圣裔庄”字样，还镶有“关圣后裔”牌匾。

清朝年间，该村村东建有一座规模宏大的刘关张结义庙，人称古村大庙。庙东为东古村，庙北为北古村，因该村位于庙的西侧，所以该村改叫西古村，一直沿用至今。[①]

北魏时期著名隐士、易学大师关朗乃关公第 4 代世孙，虽深受北魏孝文帝器重，但拒不出仕，以农耕度日，在该村定居下来。关朗墓地就位于村西北，占地九亩三分。关朗后代的家谱由一位名叫关自刚的后人保存下来，并于 1995 年公诸于世。在访谈中得知，关朗后人现已传至 72 代，家谱则记载到 68 代。

图 1-5　西古村北门

① 关新刚：《关公全书 · 关圣氏族》，中州古籍出版社 2019 年版，第 62 页。

第三节　西古村的“关公文化”遗存

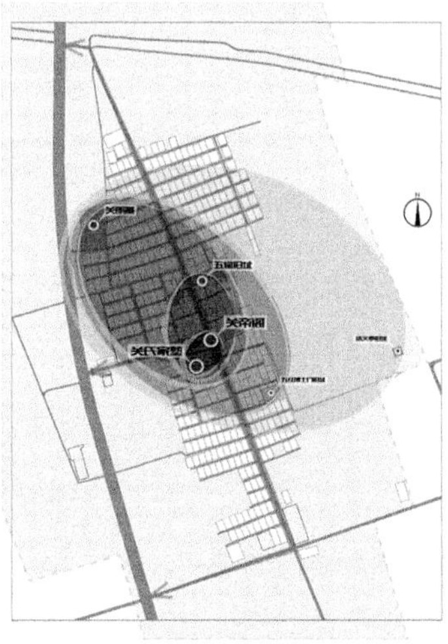

图 1-6　西古村关公文化遗迹示意图

西古村已发展成为关公故里关圣后裔中最为古老和庞大的嫡系集聚地。[①] 由于村中关姓宗支枝繁叶茂，在家庙中逐渐形成了五大分支。大门堂号为福盛堂、二门堂号平忠堂、三门堂号忠义堂、四门堂号四合堂，五门是博士门。博士门的地位最为显赫，这主要源于清朝对关公后裔的推崇。近年来村落已经引起海内外关姓氏族的广泛关注，不断有关氏后裔和关公信众前来寻根问祖，虔诚祭拜。遗憾的是，村庄原有的历史遗迹在 20 世纪毁损严重，或毁于新中国成立前的战火，或毁于“文化大革命”。

一、关朗石棺墓群、墓碑

在村西北方向，有占地近十亩的关朗墓群。据《山西通志》记载：

① 段亚蓉：《改革开放以来晋南的祖先崇拜和祖神信仰调查研究》，山西大学博士学位论文，2013 年。

圣裔迁居之原因，则以帝远祖关龙逢在本邑，又帝后嗣关朗亦葬于古村西北高原。现今古村有关氏宗庙，始祖祀关龙逢，次祀帝祖、父及帝本身与帝子孙并关朗、关播云，惟帝庙与祖坟仍在解梁。①

另据《关氏族谱》记载：

其（指关朗）子关有用石棺葬于本里之北，高冢尚在，合族奉祀，内计坟地九亩三分。②

图 1-7　关朗墓

关朗墓地又称祭亭坟、祭灵坟、响当坟，墓地前保存有关朗墓碑、世袭翰林院五经博士碑、关姓定例碑和九亩三分墓碑等。其中，关朗墓碑通高 200 厘米，宽 74 厘米，厚 18 厘米；碑额高 100 厘米，宽 80 厘米，厚 23 厘米。

碑额正中竖刻有“关圣后裔”四个大字，碑身刻有“魏记室关公讳朗字子明墓”字样。2007 年，关朗墓群列入“盐湖区文物保护单位”，2012 年正式立碑，近年来正在积极申报省级文物保护单位。

① 关新刚：《关公全书·关圣氏族》，中州古籍出版社 2019 年版，第 65 页。
② 关新刚：《关公全书·关圣氏族》，中州古籍出版社 2019 年版，第 65 页。

图 1-8　关朗墓碑

图 1-9　关朗墓的相关介绍

二、结义亭旧址

结义亭旧址位于村庄东部，原址上曾建有刘关张结义庙。因庙占地 30 余亩大，故又称为“大庙”。“大庙”里原建有正殿、献殿、祭亭、舞台等及东西廊房 200 余间，保存有金瓜、钺斧、朝天镫、伞扇、銮驾、挡众（又叫梐枑、行马，是指古代官府门前用三根木条或铁柱交叉制成的栅栏，主要用于遮挡人马通行）等物件及 150 余斤重的青龙偃月刀。庙东 50 余米处建有一座大觉寺。据说，清朝年间，大庙前曾有一棵千年古槐，乡民们常会在古槐下烧香祭拜、祈福许愿。

三、五堂旧址

五堂旧址位于村庄中心，系原关姓家庙，又称关家祠堂。该祠堂坐北朝南，四合院布局，家庙里有主家庙，主要供奉有关姓始祖龙逄公、关公曾祖父光昭公、祖父裕昌公、生父成忠公及圣祖关公，另有圣祖嫡孙关朗、关播以及该村关姓大门、二门、三门、四门的宗支先祖（关家第五门的博士门地位显赫，并没有立于家庙中，而是坐落在村子南边）。祠堂内同样放置有金瓜、钺斧、朝天镫、旗牌、銮驾和伞扇等，祠堂外路中央设有木制挡众，提醒来人“文官下轿，武官下马”，以示对关公及其后裔的尊崇。

四、五经博士门旧址

五经博士门旧址位于村庄东南方向。雍正四年（1726），敕授古村关居斌为世袭翰林院五经博士，世袭承祀解州关帝庙（百姓俗称关博士）。自此，西古村的关姓博士门沿袭了这一职位，并从清雍正 1725 年就享有免税、免粮食、免马料、免草豆、免支差的特权，一直延续到民国。民国时社会动乱，朝廷定的各项优惠政策才取消了。[1] 该村关朗墓地前，现还保存有一块清道光十三年（1833）置立的“世袭翰林院五经博士字书升关老先生懿行碑”。该村博士门（五门）支系关巷继家，至今也保留有一块清朝年间，皇帝诏命的山西提督学政翰林院掌院学士管廷鹤为南老太夫人寿诞所题写的牌匾。

五、关氏家塾旧址

关氏家塾旧址位于村中心的西南角。至于该私塾最早建于何时，已查阅不到相关资料记载。村民隐约能记起的是民国时期就已经存在。当时，村里没有公立的学校，大家一起花钱聘师来教读子弟。中华人民共和国成立初期（1949—1958 年），私塾取消，国家从外地调来老师负责村里孩子的功课学习，地点仍在关氏家塾内。1958 年后，农村合作社成立，西古村正式建立了小学。“四清”之后，关氏家塾被拆除。

六、关帝阁

在关家祠堂毁于“文革”后，1997 年，西古村村民筹款 21767 元，筹粮 9350 斤，在村子中心位置（现西古村村委会所在地）修建了关帝阁，作为西古村的村民活动中心，村中大小事务

① 关森柱：《关氏族谱》，山西人民出版社 2013 年版，第 155—156 页。

都会选择在关帝阁前的小广场进行。关帝阁不仅是西古村的标志性建筑，还成为关姓后人的祭拜之地。

图 1-10　关帝阁

七、其他

关朗墓前的碑刻以及《关氏族谱》还表明，历史上西古村的关氏后裔享有不少特权。诸如：

1. 关姓定例碑就记载有该村关之翰、关之栋、关忠胤、关贤胤、关福娃、关囔娃等七人，负责管理结义庙中的香火钱、收种奉祀良田，用于维修庙宇、祭祀圣祖，以传承相关礼俗活动。查阅现有资料可知，仅在盐湖区西古村存有关姓定例碑实物和相关记载，这也进一步证实了西古村关姓族人为关氏后裔的特殊身份。

2. 清顺治十三年（1656），清世祖福临御赠关氏后裔“优免赋税差役牌”，儒者赐给衣顶，农者优免杂差。其后，还划拨数百亩免税官田让村里关姓族人耕种，以作为关庙奉祀田。

3. 受清代帝王恩宠，村里关姓族人第五门的博士门地位尤其显赫，该村五经博士关绳武堂弟关绳祖至今还保存有皇帝特赐的黄马褂；“圣裔庄”之村名为西古村所独有，其他地方尚无记载，这也充分表明了关公在清王朝统治者心目中的地位。

图 1-11　关姓定例碑

第二章　西古村民间信仰现状

第一节　西古村多重信仰历史

民间信仰在我国不仅有着悠久的历史渊源，而且也有着深厚的社会基础。中国的民间信仰是一个比较宽泛的概念，不同的学者对这一概念有不同的理解和解释。相对而言，我们更认可台湾学者李亦园的观点。他称民间信仰为“普化宗教”，“所谓普化宗教又称为扩散的宗教，亦即其信仰、仪式及宗教活动都与日常生活密切混合，而扩散为日常生活的一部分，所以其教义也常与日常生活相结合，也就缺少有系统化的经典，更没有具体组织的教会系统。”[①] 他指出，民间信仰的主体是“民众”，对象是“神、祖先和鬼”，信仰仪式包括：“祖先崇拜、四时祭祀、神灵崇拜、岁时节庆、人生礼仪和象征等。”[②]

在传统的农村社区中，民间信仰是普通百姓精神生活的重要组成部分，宗祠与村庙是不可或缺的两大建筑。在西古村，民间信仰也一直存活在百姓生活中，扮演着重要的角色。中华人民共和国成立前，西古村的关姓就已经占全村总人口的 80%，因而关

① 李亦园：《文化的图像》（下卷），允晨文化实业股份有限公司 1992 年版，第 180 页。

② 李亦园：《新兴宗教与传统仪式：一个人类学的考察》，载《思想战线》，1997 年第 3 期。

家的宗祠家庙占据着西古村的正中心。那时，村民们更多的是将关公作为祖先崇拜追思，并没有特别强调关公的神性，关公只是村中众多神灵中的一个，因而村中除了关氏家庙外，还建有很多其他的寺庙。村中的寺庙各司其职，从不同的方面满足着村民人神互酬的心愿。

据老一辈村民回忆，西古村是圣裔庄，村中关公家庙是中心，因而中华人民共和国成立前村中的较大的寺庙基本上是围绕着关氏家庙来建造的，形成众星拱月的分布图。在家庙的东边分别是观音庙、龙王庙、娘娘庙。观音庙供奉着木塑的观音塑像，村中人相信观音有求必应，普度众生。龙王庙供奉的是泥塑的龙王塑像，村中天旱少雨，或风雨不调时，村民便来此庙求雨。西古村民深受传统“不孝有三，无后为大”观念的影响，非常看重子嗣绵延，娘娘庙供奉着慈眉善目的送子娘娘，此庙的香火非常旺盛，村中无子、少子之人都来此求子，据说比较灵验。在家庙的西边是结义庙、大觉寺和马王庙。结义庙是供奉刘、关、张三人的；大觉寺紧挨着结义庙，近十亩大小，寺中供奉如来，曾经香火旺盛。因为村中牲畜较多，因而村民建起马王庙供奉马王爷，以保佑村中牲畜无灾。而在家庙的北边是河神庙和玉皇庙。河神庙是村中比较重要的寺庙之一，因为西古村的北边紧挨涑水河，农业社会灌溉用水非常重要，西古村农业灌溉全靠涑水河，河神庙就建在涑水河边，十平方米大小，有涑水河河神的木质塑像，村民为求涑水河水量充沛时，常来庙中祈福。玉皇庙就位于河神庙南，供奉玉皇大帝塑像，主要保佑全家平安无灾。

村中曾经的寺庙分布如下图所示：

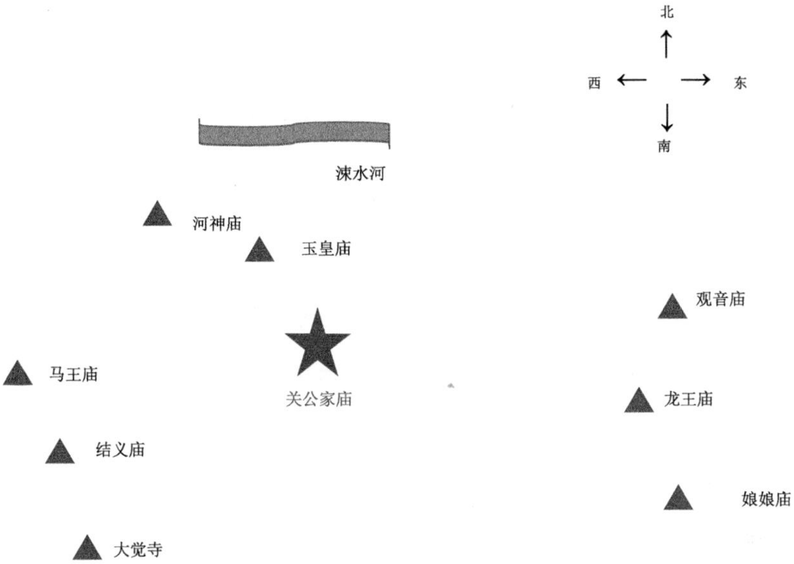

图 2-1　村中曾经的寺庙分布

在西古村长期的民间信仰长河中，村庙中的诸神为这个圣裔庄的发展作出种种神异的贡献，村民对其也有特殊的感情。可惜的是，从 1950 年开始，国家自上而下开展了大规模的轰轰烈烈的土地运动和社会移风易俗运动，西古村同样不可避免地被卷入各种运动中。随着国家各种运动的不断升级，这里的民间信仰体系开始受到严重的冲击直至几近断裂，关氏家庙不复存在，尤其是在合作化及人民公社化运动中，曾经备受尊崇的关氏家庙也被改成了村里的仓库，堆积着各种废弃的农具。而村中的各种村庙尽数被毁，神像被砸，这些曾经香火旺盛的地方性神祀大多数只能存于人们的记忆中了。

第二节 西古村民间信仰中的关公信俗文化

一、西古村“关公文化”的复兴

民间信仰衰败的情况直到十一届三中全会后才有所缓解。十一届三中全会后，宗教信仰自由政策重新得到落实，制度化宗教信仰获得自由发展的空间，西古村的民间信仰也得到了恢复发展。各种神灵也要符合社会发展的需要与选择，村中的河神、龙王庙等神庙慢慢被社会淘汰，淡出了人们的记忆。而关公信俗文化因为符合传统社会仁义礼智信的道德期待，不仅没有消亡，反而发展壮大。尤其是 1990 年后，关公影响力不断提升，村里于 1997 年重建了关帝阁。关帝阁位于村子的正中心，是西古村民间信仰的中心，关公已经成为村中的正祀之神。由于西古村已经没有其他的地方性神祀，又有约百分之九十的村民信仰关公，因而西古村村民更是将其他神灵具有的神性全部附加到关公身上，这使得关公的神性不断扩大，神灵职能渐趋完备。关公不再只是庇护自己的祖先，更是法力无边的万能神，有不少村民直接将关公称为“爷（ya）”，“老天爷”“天老爷”“老天”。

在西古村，村民们对关公的信仰不是体现在那些抽象的信仰仪式上，而是已内化到日常生活中的方方面面，形成了许多独特的关公信俗。

信俗又称“俗信”，是人们在长期生产生活过程中形成的一种约定俗成的传统理念，在这种理念的支配下，民众会对某种民俗现象产生心理和行为认同。关公信俗属于传统民间信俗，是民间信仰关公的各种习俗的统称，是关公文化的一部分。在关公文化的影响下，关公信俗形成了信义为本、忠诚为贵的核心内容，并以庙会、习俗等为表现形式。关公信俗并非一朝一夕形成，而是在一千多年的历史进程中逐步形成并渐趋完备的。它早已不是单纯关圣朝拜团的个人迷信偏好，而是由历史发展演变成的一种社会群体的信仰，其最重要的支撑便是人们对关公文化和关公精神的认同与传播。2008 年，关公信俗已由运城市、洛阳市联合申报并已被国务院确定为国家级非物质文化遗产（《国务院关于公布第二批国家级非物质文化遗产名录和第一批国家级非物质文化遗产扩展项目名录的通知》），其不仅得到海内外华人的广泛认同，成为华人世界价值观的重要内容，而且也逐渐成为全人类共享的文化瑰宝。

西古村的关公信俗历史悠久，有着近千年的发展历程并一脉传承至今。其关公信俗几乎渗透于村民思想及生活的各个方面，包括祭祀、民俗、文艺等，形成了广泛的极具地方特色的文化现象，尤其是在婚丧嫁娶、子嗣绵延这样的人生重要阶段，这些独特的关公信俗文化更是发挥了重要作用。

图 2-2　村民家里供奉的关公像

二、“嫁娶婚”中的关公信俗文化

婚姻是人类社会两性结合产生的一种基本制度和文化现象，而婚俗是在长期的历史进程中随着婚姻而产生的一种社会习俗，[①]不同地域的婚俗表现了不同的伦理思想、社会生活风貌以及文化心理。受传统文化的影响，“嫁娶婚”形式一直是我国婚姻形式的主流。这种婚姻形式是娶妻入于夫家的婚姻，形式为男婚女嫁，

① 杨静兮：《民国时期北京地区婚俗文化研究》，载《首都博物馆论丛》，2019 年第 1 期。

女方成为男方家族成员，以男方之住所为住所。子女从父姓，嫁娶婚的婚俗主要包括纳采、问名、纳吉、纳征、请期、亲迎六个步骤。西古村的婚俗是在传统“六礼”基础上演变成的具有自身地方特色的民俗文化，突出的正是关公信仰的传承力量。

西古村历来有村民守望相助的传统，筹备婚礼不仅是一家之事，更是全村的盛事，婚礼一般由村中的关氏宗亲会来主持，宗亲会中德高望重的几位长者分派人手，规定婚礼流程，村民不分男女老幼共同参与，一起完成一次精神的洗礼。西古村的婚俗一般包括议婚、订婚、完婚三个部分，而关姓婚礼中的完婚部分的婚礼仪式最能体现其关公信仰。婚礼当天，新郎早早就要去新娘家迎娶新娘，经过新娘家人的重重考验，新郎带着新娘离开娘家，前往夫家，这是俗称“上马”的环节。一般婚俗中新娘会直接到达夫家，完成“下马”这一环节。但在西古村，当婚车入村后，必须要先在关帝阁前停下，此时的关帝阁里里外外早已被新郎家精心布置，不仅关帝阁前铺上鲜红明艳的十米地毯，而且以繁复精致的花馍作为贡品献给关公，并给关公献红，新郎家人要为关公披上崭新的红绸祈福。当新人乘坐的轿车在关帝阁前停下，新娘在关帝阁前震耳欲聋的驱邪鞭炮中“下马”，并举行相关仪式。首先，新人向关公神像行三跪九叩的大礼，这不仅是希望得到关公庇佑，而且也是缅怀自己的先祖。西古村有虔诚的祖先信仰，人们普遍相信祖先神会保佑家族、家庭，庇佑个人的福寿安康，而若要加入本家族必须得到本族先祖的认可。在西古村，关公兼具祖先神与万能神的身份，在关公见证下的婚礼会更具神圣性。其次，由请来的乐队在关帝阁前表演一段《凤求凰》之类的乐曲，娱神娱人。之后是给新娘舅舅披红的仪式，披红时有几个舅舅就披几条红绸，作为回礼每个舅舅准备一挂鞭炮，谁给舅舅披红，舅舅就需要回送谁一个红包。红包是象征性的，可以三两块，也可以十块、八块，数目不限。披红结束后，新郎新娘给舅舅恭敬行礼，新人与舅舅合影。给舅舅披红是西古村比较特殊的习俗，与其相邻的万荣、上郭、三路里等地都没有这一习俗。舅舅披红的习俗表现的是母系血缘传承，突显“舅舅为大”的认知，明确了舅舅在娘家亲属关系中的崇高地位，肯定了娘家亲戚的尊贵及新娘娘家一脉人丁兴旺。据西古村村民的说法，这一习俗的延续一方面可能是母系社会习俗的存留；另一方面可能也与西古村的关公传说有关。在西古村关于关公年少时的传说很多，在这些传说中，不仅突出了关公的急公好义、文武双全，而且突出表现了关公妻子胡氏的贤良淑德。传说中胡氏不仅出身书香世家，而且识大义，有胆略。她既为关公开枝散叶、延绵子嗣，又在关公打死恶霸被迫离家后，独自一人挑起家庭重担，将两个儿子抚养长大。这位胡氏的勤俭持家、志洁行芳、坚贞不屈、行侠仗义深受西古村村民的敬佩，因而在新人婚礼中，“以舅为大”的习俗也肯定了新娘及其娘家在家族生活中的重要性。给舅舅披红结束后，一对新人拜过关公，然后沿着主街步行几百米回到新郎家，这被称为“串街”，也有向村民报告娶妻喜讯之意。到了新郎家后马上就要祭拜新郎自家的祖先，同时给关公献过的花馍也要端回家供奉自家祖先。新人祭拜关公与自家祖先都是发扬传承关公文化的精神，以示不忘根本，为后辈作出榜样。在祭拜完自家祖先后，在新郎家里举行的婚礼仪式中长辈往往要给新人祝福。与一般的早生贵子、夫妻同心等祝福不同，西古村关姓婚礼的祝福词中必定要强调关公祖训，长者在勉励词中会专门提道："希望你们婚后要继承祖训，要读好书、说好话、行好事，做好人。愿天常生好人，愿人常做好事。"这是专门给关姓的人说的祝福语，其他姓氏的婚礼不说这类话。由于历史上桃园三结义，刘关张三姓结义称兄弟，三姓亲如一家人，因而在西古村的刘关张三姓虽不同姓但信仰完全一样，只要是这三个姓肯定都推崇关公，因而刘姓、张姓结婚时也到关帝阁前"下马"，以示对关公的尊敬。

婚礼是群体性的社会活动，它通过一系列象征性、动作性仪式构成一个传播文化的仪式场域，形成固定化的、流程化的仪式活动。作为文化综合叙事的仪式，在向内、向外的展现过程中，直接影响着地方的形象构建和文化观念的传达[①]。关公信俗文化在西古村一直延绵不断，婚礼是非常重要的传承方式。婚礼中，新娘作为外来人员进入西古村，对西古村的关公信俗未必了解及认同。西古村的婚礼格外强调关公信俗文化，将关公信俗作为一种特殊的婚礼仪式的传播内容，又因婚礼具有社会普遍认可、参与者易分享的特点，而使婚礼仪式的参与者在接受和传播这些具有关公信俗象征意义的符号和仪式时，很容易产生一个共鸣的社会文化共同体。新人在关帝阁前向关公行礼时，了解和重温了西古村关公信俗的源头，在为舅舅披红时，懂得了女性在家族中的地位，在接受长辈祝福时，了解了"读好书、说好话、行好事、做好人"的关氏祖训，新人们通过仪式获得的感觉、思考、构建的

① 郑常利：《传播的仪式观视野下的红瑶婚俗传播——以龙胜红瑶集体婚礼为例》，载《科教文汇》，2019 年第 11 期。

意义空间都是真实可感的。在婚礼仪式中，新娘通过这个神圣的意义空间初步了解并认可了关公信俗，新郎则坚定了自己的关公崇拜意识，新人们在完成了婚礼仪式的同时也完成了一次关公崇拜观念的洗礼。西古村的婚礼往往是全村共同参与的盛事，除了新人们，婚礼的其他参与者通过婚礼的神圣空间维持了关公信俗的共同感，在参与、共享中增强了村民们的情感交流，使得关公信俗在一片和谐中得到传承与共享。

三、“入赘婚”中的关公信俗文化

在我国农村，男娶女嫁是婚姻的主要方式，但招赘婚姻作为补充形式一直延续至今。入赘婚，是我国非常古老的一种婚姻形态，指的是将女家作为婚姻关系的主体，男子就婚于女家的婚姻形式。最早关于入赘婚的记载见于周朝的《周礼》“凡娶，判妻，入子”“凡嫁子、入妻者”等字样，这里的“入子”“嫁子”便可同“入赘”相关联，可见当时赘婚便已流存于社会中。这种特殊的婚姻形态是相对于正常婚姻形态的一种变异，也是母系氏族社会制度的一种遗存[①]。招赘婚在全国其他地方一般都不被重视，女方招上门的上门女婿常常被村民歧视，但在西古村招赘婚非常普遍。西古村招赘婚的流行可以追溯到清朝。清朝时，随着历代关公不断受到追封，清政府对关公后代特别重视，尤其对关公直系后裔关照有加，如各地大规模修建祭祀关公的庙宇，一般只有关

① 武晓岚：《变革时代的乡村社会入赘婚初探——以山西省鲁村为讨论中心》，温州大学研究生论文，2017年。

公后裔有资格迁徙守庙，祭祀关公，传承礼俗，遂成定例。雍正四年（1726），世宗敕授西古村关居斌为世袭翰林院五经博士，世袭承祀解州关帝庙（百姓俗称关博士）。除此外，西古村的关公直系后裔从清雍正年间就享有免粮食、免马料、免草豆、免差役等诸多特权，这些优待一直延续到民国。民国时社会动乱，清朝为关公直系后裔特设的各项优惠政策才被迫取消。由于清朝规定只有关公的直系后裔才能享受到朝廷的各项优待政策，西古村的关氏一族为了保证关氏血脉不绝，关氏一族所生的女儿也被承认属于是关氏血脉。家中有女无子，女方就可以通过招赘婚来为女儿解决终身大事，这在西古村被称为“招亲”。招亲后延续的后代同样是关氏后裔，以此传续血脉，因而从清朝一直延续到现在，西古村的招赘婚极其普遍。

在中国大部分农村，家中有女无子会被其他村民非议，村民普遍认为这家的父母死后，这家就没有人继承血脉及财产，且无人祭奠，很快无子的人家就会被村民从记忆中抹去，而招赘婚只是无奈的选择，是退而求其次的手段，无子就是无后，无子的人家在村中会一直背负很大的心理压力。而在西古村，由于女儿也享有继承血脉、财产的权利，在村中招亲和平时的嫁女，娶亲完全一样，不被歧视。新中国成立前被招亲的男方往往是家境困难或者是弟兄较多的人家，现在家庭条件好了，往往是男女双方自由恋爱之后，男方自愿入赘。

西古村的招亲仪式与婚嫁仪式基本相同，也按照议婚、订婚、完婚的步骤。但在完婚仪式的前一晚，女方要先到男方家，男方要到女方家，男女双方互换，女方家则按照儿子娶妻的模式进行各项仪式。婚礼当天，男方从女方家出发，到男方家将女方迎回，在形式上仍是男方接回女方。新人们在关帝阁前以三跪九叩之礼祭拜关公。与男娶女嫁婚姻相比，招亲中的入赘女婿往往承担着更多的承诺、责任与义务，关公素以重承诺守信义名满天下，此时新人们在关帝阁前的祭拜，不仅是一种向祖先禀告的仪式，更是向神明表明完成婚姻承诺的决心。完成祭拜之礼后，新人们要从关帝阁前的主街慢慢走回女方家，这串街仪式既是对村民的告知仪式，也使入赘女婿得到了村民同宗的认可。因为招亲包含了嫁女与娶亲的双重含义与仪式，是两重喜事，且费用全部由女方来出，因而女方亲戚参加招亲宴请时上礼金就要上双份礼金。

招赘婚中，男方在婚后改名是比较普遍的，有些地方更是规定，男方必须在婚后改名，如山西鲁村的招赘婚，男方在婚礼完成后很快就要举行“写字儿”的改名仪式。[①] 在西古村，男方是否改名采取自愿的方式，并不强迫男方改姓。但大部分男方在婚后都自愿改姓，随女方的关姓。男方被女方家的下一辈孩子称为舅舅，意为这个“舅舅”是自己家人，而结婚女子原本是自己家人，改称为舅妈，称呼上显得疏远了一些。男方自愿改姓主要是因为在村里关公崇拜影响深远，男方愿意认同关公信俗，这样也可以更顺利地融入村中的新环境。如果还坚持自己原来姓氏，入赘后关氏族亲容易把他当外人，缺少归属感，族姓问题上男方改姓后，同族就一视同仁，成了一家人，说话干事都亲亲热热。但改姓最重要的是强调要自愿认同，要从心里认同关公崇拜及关公

---

① 武晓岚：《变革时代的乡村社会入赘婚初探——以山西省鲁村为讨论中心》，温州大学硕士论文，2017 年。

信俗。只有文化信仰一致、思想认识相同的人才能永远在一起，关氏一族要求男方一定要从内心真正认同关姓的族规家训，情感上要与关氏族亲融在一起，这样的改姓才有意义，而不是改姓不改心。当男方真正认同关公信俗，在愿意改姓的时候，女方父母要举行一个比较正式的改名仪式。改名仪式一般是在晚上进行，由女子的父母将族中的身份尊贵的长者请来，有时村长也会被请来作为见证人。尊长一般会先问赘婿是否认同关氏一族的家规家训，是否自愿改名，在得到赘婿的肯定回答后，尊长执笔为女方父母立下字据。字据一般内容是“× 年 × 月 × 日，××× 被招入关家，自愿改姓为关 ××，立此为据。”改姓仪式结束后，有了新身份的赘婿，不仅以关公信俗为纽带强化了与同族的关系，而且可以因为新的身份而进入关氏族谱，产生认祖归宗的神圣感与归属感。在没有身份证之前的年代里，改姓后的赘婿的姓名直接登记在族谱上，不过要在姓名后附上“招亲”二字。在身份证普及后，赘婿虽然不能随意改动身份证信息，但关氏族谱上仍然可以改，即使在当下，仍有不少赘婿通过改名的方式使自己的名字永远留在了神圣的族谱上。

归属感是招赘婚中“上门女婿”社会认知中的重要情感，归属感就是让“上门女婿”感觉到自己是当地社区中的一员，自己能够被他人接受、尊重和认可。这种归属感可以让“上门女婿”更具有安全感，更富有主人翁意识和责任感，更能够积极主动地适应和融入当地生活。以立字据的方式进行的改名仪式就是可以使赘婿产生强烈的归属感的一种方式，但与其他地区的改名方式比较，我们会发现西古村的改名方式有其独特性。中国绝大部分地区的改名方式都注重财产传承方面，改名后，女婿就如同女方家的“儿子”，能以妻家正统传承人的身份继承女方家的财产，但几乎不涉及精神信仰的延续传承。而在西古村，改为关姓，首先是要了解关氏家规祖训，认可关公信俗，其次才是为女方家传宗接代，继承财产。相比其他地区“上门女婿”以经济利益为纽带得到的归属感来说，西古村的“上门女婿”主动改姓，以关公精神为纽带融入新的环境，这种精神纽带使他们得到了更强的归属感，社会融入感更加明显。可以说，西古村招赘婚的一系列婚礼仪式就是关公信俗的动态传播，以最直观的形式传播着关公信俗，构建并维系了有秩序、有意义的文化世界，也保证了西古村多年来关公信俗的良性传承。

四、“为子祈福”仪式中的关公信俗文化

关公信俗文化不仅在婚礼仪式中有明显的体现，而且在“为子祈福”仪式中也有明显的体现。在传统农村，缺医少药，生活条件比较恶劣，很多体弱多病、营养不良的幼儿都无法活到成年，早早夭折。为了保佑下一辈平安长大，西古村村民长期以来保留着向关公祭拜“为子祈福”的传统仪式，这一传统仪式也一直延续到了当代。在关帝阁重建后，每个月的初一、十五，西古村村民都准备好贡品、长香到关帝阁参加“为子祈福”仪式。祈福仪式一般于早上九点准时开始，首先由祈福之人向关公圣像献上贡品，三跪九叩，低声向关公圣像报上自家孩子的生辰八字，祈求平安，之后从关帝阁守护人的托盘中接过一段一米左右用来保佑平安的开光红绳，最

后退出关帝阁，为自家孩子戴上红绳护佑平安。在西古村，人们普遍相信关公得到众人朝拜，香火鼎盛，灵气缭绕，这股灵气聚在关公神像周围不散，只要在关公神像周围绕上红绳，关公的灵气就会从神像传到红绳上，小孩子戴上沾满灵气的红绳就能逢凶化吉，遇难呈祥。为此，关帝阁的守护人每年都将一些红绳绕在关公像上开光。为子祈福的人可以当场将红绳挂在自己孩子的脖子上，也可以将红绳拿回家裁成小段绑在孩子的脚上，绑在脚上的红绳就像护住了孩子的生命之根一样。为子祈福的人每年都会为自家孩子求取红绳，直到孩子十八岁长大成人为止。在孩子成年之前，孩子的父母每年定期在关公圣诞、四时八节时，带上水果、香烛、花馍等向关公拜谢，以答谢庇佑之恩。

西古村"为子祈福"仪式延续了数百年，每一个得到关公灵力庇佑的孩子都犹如经过了一次精神洗礼。在他们的成长过程中，他们内心更加坚定了关公信仰，并且以此作为自己的精神支柱，他们相信有了关公的庇佑，他们有更多的勇气和决心去克服人间的困难，战胜各种灾难。一个从小沐浴着神恩的孩子也更容易以关公精神检点自己的行为，自我约束，努力向善，在珍惜生命的同时，也会感激护佑着自己的关公神灵以及帮助、关照自己的人。年复一年的为子求福的信俗使西古村村民常怀敬畏之心、感恩之念，是对关公信俗持续性的坚持和传承，不断强化了族群归属感与文化自信。

西古村的民间信仰历史悠久，村中以关公崇拜为主，但也不排斥其他民间信仰，村中寺庙较多，神灵各司其职，互不干扰。在经过"破四旧"及文革等政治运动后，二十世纪八十年代深深扎根于西古村的关公信俗重新复兴。出于弘扬中国优秀传统文化的需要，关公不仅以忠义仁勇成为关氏家族的偶像，更成为全村的精神图腾。西古村村民不仅将关公信俗融入到日常生活中，而且将关公信俗与社会主义核心价值观结合起来，形成本村独具特色的“将忠心献给国家，将爱心献给社会，将孝心献给父母，将诚心献给朋友”的“四心价值观”，为西古村年轻一代树立了正确的价值观和伦理规范，使西古村无愧于“圣裔庄”之名。

在西古村关公信俗不断蓬勃发展时，西古村的基督教也在潜滋暗长，并对西古村的社会风俗、家族关系、文化传承等方面产生了一定的冲击。在基督教势力比较强大时，基督教强调自身的诸多教义，与关公信俗发生了较大的冲突，其势力受到了较大的遏制。在 2000 年后，西古村的基督教信徒开始走基督教本土化之路，有选择地接纳当地习俗。除了在祭祖、拜鬼神等问题上与关公信众有根本分歧外，基督教信徒遵守着其他社会风俗，比如西古村的婚俗中不管是定亲还是婚礼现场，男方都要送女方一对硕大鲜艳的红石榴，寓意多子多福，西古村村民如果在村外因为车祸等意外丧生，遗体入村时必须要用活公鸡引路，使亡者之灵能被公鸡叫回，称之“叫魂”，其他如甩丧盆、烧纸钱、拿哭棍丧等风俗都被基督教信徒接纳。由于大部分生活风俗习惯相同，基督教徒主动回避信仰差异带来的矛盾，大大降低了两种信仰之间的冲突。目前，西古村的关公信俗文化与基督教信仰基本处于和而不同的互动平衡状态，双方在微妙平衡中，共同构成西古村的社会文化资源。

值得注意的是，虽然西古村的基督教做出了一定的本土化努力，但我们依然要注意，作为西方文化的代表，基督教有着天然的文化优越感，从未放弃成为文化发展引路人的尝试。回顾西古村的基督教发展历程，我们可以清晰地看到，“关公文化”是中国优秀传统文化的代表，但这一信仰形态与基督教是格格不入的，在争取信众的过程中，基督教不可避免地将不利于其宗教发展与传播的“关公文化”斥为封建糟粕，要求信众彻底舍弃“关公文化”，并有意识地对“关公文化”进行文化攻击，这场信仰形态之争更多的是双方的文化之争。在基督教信仰被关公文化压制后，基督教之后的本土化努力似乎更应该被看作是一种策略调整。随着西古村基督教的逐渐复苏，其对西古村的渗透范围日渐扩大，对西古村社会产生了不容小觑的影响。这就需要西古村的基层政府正确认识和积极引导这一趋势，不可佛系管理，被动接受，甚至坐视不管。基层政府应主动出击，因地制宜积极发展西古村经济，丰富村民文化生活，进一步弘扬以“关公文化”为代表的中国优秀传统文化，加强西古村宗教网格建设，“全面落实宗教工作责任制，以法治方式规范治理宗教问题”。只有未雨绸缪，防微杜渐，才能引导本村基督教信徒爱教爱村共创和谐，让基督教的发展与西古村美丽乡村建设同频共振，更好地实现乡村振兴战略。

第三章　西古村关公信俗祭祀活动

中国古代社会中，祭祀一直备受重视，“国之大事，在祀与戎”[①]。礼有五经，莫重于祭，是以事神致福。祭祀是华夏礼典的一部分，更是儒教礼仪中最重要的部分。作为传统农耕社会的一种不可或缺的重要仪式，祭祀活动不仅缓解着人们对于未知事物的恐惧，而且调节着人们之间的伦理关系，是“华夏民族几千年来与大自然、人自身进行搏斗与协调过程中逐渐积累起来的智慧的结晶。”[②]封建社会，国家不仅强调对天地山川的祭祀，也注重祭祀功臣圣贤，关羽以其忠义仁勇的象征内涵被历朝历代的统治者推崇，逐渐进入到官方祭祀的范围。

第一节　关公信俗祭祀活动传统的流变

对关公的祭祀传统主要分官方与民间两种途径。关公的官方祭祀，始于唐朝，发展于宋元两朝，盛行于明朝，鼎盛于清朝，清顺治、雍正、乾隆时期，将关羽列为重要祭祀对象，其影响可

① 杨伯峻：《春秋左传注》，中华书局1990年版，第861页。

② 张东赞：《祭祀活动：宗教和理性之间的调节剂——祭祀在华夏文化生态龛中的多维度分析》，载《湖北社会科学》，2019年第10期。

与尊孔相比。随着统治者的倡导，民间对关公的祭祀也逐渐兴起，大致与官方的祭祀始于同一时期。清嘉庆版《关帝圣迹图志全集》曾详细记载了民间祭祀关公的活动："每岁四月八日传帝于是日受封，远近男女，皆封击豕，伐鼓啸旗，俳优巫觋、舞燕娱悦。秦、晋、燕、齐、汴、卫之人肩毂击，相与试枪棒、校拳勇，倾动半天下。"

运城作为关公的故里，明崇祯年间，解州民间每年祭祀关公的活动多达4次。据崇祯二年（1629）《建关圣常平村祖茔祀田碑记》载："四月初八日关圣受封之期，六月二十二日为诞辰，九月十三日为忌日，五月十三日为赛会。"每逢这四个日子，村民们都要盛装前往解州关帝庙和常平村关圣家庙举行盛大的集体祭祀活动。

西古村作为关公后裔聚居地，自古以来也一直保存着对关公的祭祀传统，其祭祀关公活动主要有两种形式：一种是以一村、一社或者一族（同姓者）为单位前往关帝庙祭拜，祭品或村社购买，或摊派制作；祭典由村长、社首、族长主持；锣鼓仪仗均经专门训练，敲打套数，排列秩序亦有讲究。献演的戏剧有的聘请专业班社，有的是本村社的"家戏"登台。另一种是一家一户祭拜，由家长主持，所献祭品薄厚不一，量力而行，贵在诚心。[①]这种"私祭"形式有的前往关帝庙，有的则在自家正屋神位悬挂关帝庙画像，焚表上香，顶礼膜拜，祈求关帝保佑，消灾避难，福寿安康。

---

① 关新刚：《关公在河东》，山西出版传媒集团三晋出版社2013年版，第226页。

这些重要的祭祀活动作为西古村集体记忆中的重要组成部分，具有丰厚的文化底蕴。虽然在20世纪中期的特殊时期，关公祭祀在行为层面曾经一度消亡，但是在精神层面却从未被人们抛弃。可以说，关公一直活在村民的心中从未离开，“关公文化”一直流淌在村民的血液里，世世代代的西古村村民都在期望获得圣祖关公的庇佑，福寿绵长。20世纪80年代以来，外在氛围的宽松为祭祀礼仪重建提供了重要保障，加之近年来传统文化复兴浪潮、非物质文化遗产保护政策的推动，祭祀传统的生命力开始显现。[①] 作为一种传统，西古村以重建关帝阁为标志积极恢复当地的关公祭祀活动，这些祭祀活动相沿成习，不仅是一种文化活动，更是一种乡村文化资源，其丰富的文化内涵与我国当前的乡村振兴战略、乡风文明建设秉持的理念有很多相同之处。因此，在乡风文明建设中组织开展关公祭祀文化活动，充分利用这一文化资源，有利于新时期乡风文明建设的发展。

第二节　西古村清明祭祀仪式的形式与内容

清明节有着久远的历史，既是中国重要的“时年八节”之一，也是中华民族的春祭大节。中华民族自古就有礼敬祖先、慎终追远的礼俗观念，清明节承载着丰富的文化内涵，扫墓祭祖、踏青郊游是其主要的礼俗主题。每逢清明时节，人们无论身处何方，

① 邵凤丽：《当代祭祖礼仪传统重建的生命力》，载《文化遗产》，2018年第4期。

都会回乡参加祭祖活动。每年清明，西古村都会举行声势浩大的关公清明祭祀活动，很多外迁出去的关氏分支也会赶回村中出钱出力参加活动。清明祭祀活动分两天进行，主要分为三个部分。

一、清明祭祀仪式的筹备活动

西古村关公清明祭祀活动程序繁多，仪式庄重，参与人员众多，影响较大，祭祀筹备阶段需要完成大量工作，这些工作主要由西古村关氏宗亲联谊会组织完成。西古村在 20 世纪 90 年代就开始了关公文化的重建与传承工作，2004 年正式成立了西古村关氏宗亲联谊会，采取会长、副会长、干事三级制。会长为终身制，一般由关氏族人推选热心公益、正直廉洁、踏实肯干、有一定威望的人担任，会长经常担任关公祭祀活动的主祭人。现任会长为关攀峰，前任会长关峰狮因担任运城市盐湖区关氏宗亲联谊会副会长而卸任。关氏宗亲联谊会共有会员 10 人左右，核心成员 5 人，平时的主要工作分三项，一是组织西古村关公文化相关的各项活动，包括关公文化祭祀活动的组织策划。二是接待全国及世界各地来此寻根问祖的关氏后裔的分支旁系。三是制定村中婚丧嫁娶的仪式流程，协助村民圆满完成婚丧嫁娶仪式。关氏宗亲联谊会从成立到平稳发展已历经 10 余年，并形成了自身比较严格的管理规则，其经费主要来源是每年祭祀活动中的香火收入及各界捐助。虽然关氏宗亲联谊会的各项工作及财务较为自由，较少监督约束，但各位会员坚信“抬头三尺有神灵”，他们秉持关公信义观无偿为村民服务，即便承担了繁重的工作也毫无怨言。

关氏宗亲联谊会在关公清明祭祀活动的准备阶段主要完成四项工作：一是制定详细的祭祀活动流程，撰写祭文；二是提前准备好祭祀所需的祭品、车辆、关氏宗亲与关公信众的识别标志等物品；三是打扫布置关龙逄墓地、关帝阁与关朗墓；四是运用各种传播方式尤其是电话与微信群通知的方式，诚邀各方人士参加，发布祭祀活动的各项活动流程与注意事项。

二、清明祭祀仪式首日祭祀程式

清明第一天的主要活动是祭祀始祖关龙逄，西古村关姓将自己的始祖定为关龙逄。这一说法最早见于纪传体史书《新唐书》，该书称关氏出自商（夏）大夫关龙逄之后。清乾隆二十一年（1756）刊印的《解梁关帝志·谱系考辨》又载：关氏之先，出夏大夫关龙逄。据说关龙逄出生于夏朝末期的一个奴隶主家庭，因镇守边关有功被封为陇西关中王，关姓由此而来。当时夏朝国君夏桀暴虐无德、倒行逆施、残害忠良、民不聊生，耿直正义的关龙逄冒死多次进谏，结果惹怒了桀王，被残忍地杀害。修撰于清同治九年（1870）的运城市盐湖区北相镇西古村《关氏族谱》载明：关龙逄是关姓始祖，关公为始祖关龙逄的第三十七代后裔。《关氏家谱》首页《世袭赞》中就有关于始祖关龙逄的一首七言诗：五帝明皇四代灵，夏业数尽杰君生。龙逄贤良屈相辅，谏言不从反伤身。这首诗充分肯定了关龙逄的忠勇精神。历史上关龙逄是第一个因为进忠言而被杀的大臣，后人盛赞其为忠谏第一人、天下第一忠臣，千百年来一直受人拥戴。

多年来，对于关龙逄之墓的具体位置一直有不同说法。但据相关资料来看：夏朝国都在安邑，关龙逄在国都被杀后，应葬在国都安邑近郊。1993 年 9 月，福建莆田市姓氏源流研究会关氏后裔曾向世界关氏宗亲联谊总会提交了“关于尽快调查确认始祖（时称“鼻祖”）龙逄公冢的报告”。2006 年 9 月，中国关氏宗亲联谊总会第三次代表大会在运城召开期间，来自全国各地的关氏宗亲代表们，曾前往关氏始祖安邑龙逄公冢进行祭祀谒拜。期间，世界关氏宗亲联谊总会会长关英才、执行会长关建中也带领有关人员来到运城，对始祖龙逄公冢进行考察核定，祭祖朝拜。2011 年 7 月，世界关氏宗亲联谊总会第十届恳亲大会召开之前，运城关氏宗亲联谊会再次向总会提交了“关于请求募捐重修始祖安邑龙逄公冢的议案”。同年 9 月，在美国洛杉矶召开的世界关氏宗亲联谊总会第十届恳亲大会上，总会作出了“关于动员世界关氏后裔向始祖安邑龙逄公冢进行募捐的决定。”由此，在关姓之族，基本结束了关龙逄墓地的历史纷争。[①] 西古村关氏后裔多年前就曾有人前往安邑落户，他们一直负责守护安邑关龙逄墓地。

在西古村的祭祀活动中，为了表示不忘始祖，清明祭祀活动由拜祭关龙逄之墓开始。4 月 4 日早 8 点，关氏族人及外迁的关氏宗亲代表一起乘车前往安邑关龙逄墓地祭拜。由于外迁的关氏宗亲对关龙逄的功绩不了解，祭拜仪式首先是宗亲会会长关攀峰及副会长关德城为祭拜人员讲解关龙逄的事迹，关德城还写了一首朗朗上口的《关帝世系赞》：“黄河流过黄土山，沿道大转几个

① 关新刚：《关公在河东》，山西出版传媒集团三晋出版社 2013 年版，第 142 页。

弯。流经青甘宁内蒙古，又越山陕拐河东。河东躺在母亲怀，中国一词源头来。‘三王’建都河东归，华夏文化是主根。悠久人文景观美，天然历史文博馆。世无仅有文化层，五千文明看运城。怀抱热土和池盐，哺育英雄六圣贤。天下后裔敬拜忠谏精神，关姓始祖源自夏都安邑。四千年声名在实属罕见，百家姓里天下第一忠臣。”通过《关帝世系赞》，外迁的关氏宗亲不仅了解到运城的悠久历史，而且也明白关氏家族的忠勇精神源远流长。接下来众人依次为始祖虔诚献上祭品，祭品一般包括制作精美的花馍、时鲜水果与各式糕点等。之后众人在墓前行三跪九叩之礼，缅怀始祖，感受关龙逄的忠勇精神，祭祀结束合影留念。

三、清明祭祀仪式次日祭祀程式

清明活动的次日是西古村关公清明祭祀仪式的重头戏。早上10点所有参会人员以及各地关公信众到村中央关帝阁前按指定区域集合，关氏一族枝繁叶茂，形成五大分支：大门福盛堂、二门平忠堂、三门忠义堂、四门四合堂、五门博士门。关氏后裔就按五门顺序依次整齐排列，已迁居外地的关氏后裔，也按照家谱中各自所属的分支依次就位。其他参与人员在嘉宾区就位，虽然参加祭祀现场人头攒动，但各自排列井然有序（见图 3-1）。随后鸣炮奏乐，关氏后裔代表、各地关公信众代表、各界精英人士在关帝阁关公像前进行祭拜，行三拜九叩大礼。三拜九叩之礼完成后，由主祭人会长关攀峰宣读祭文，祭文内容一般是叙述西古村关公信仰历史渊源、关氏后裔迁居概况、颂扬伟大的关公精神，如

2016年的祭文如下：

清明节祭先祖关公

关公出生在运城，是一位名垂青史的伟大英雄，这是中华民族的骄傲，是关氏后裔的荣耀。

关公正气一生，光明磊落、人格高尚、惩恶扬善、为民除害。关公是中华民族道德风范的代表，是人世间的道德楷模，天地间第一完人。他胸怀春秋、忠奸分明、对国忠诚、威震华夏、血洒疆场、为国捐躯，英名震古今中外。其正义思想和优秀品质不但给中华民族留下了极其宝贵的精神财富，而且还留给了整个世界。

道德滑坡需添加正能量，信仰缺失需补充高营养。

热爱关公、信仰关公、追念关公、崇拜关公，是人民的向往、精神的靠山、人生的标杆、社会的呼唤，是恢复民族元气的精神食粮。

正气长存，四海同瞻圣神；

宗风虽远，凡民莫不尊亲。

会长庄重宣读完祭文后，全体信众再行三拜九叩大礼，意在保佑信众平安多福。继而由西古村锣鼓队表演《温酒斩华雄》，所有参会人员共同欣赏。接着是各地关氏精英人士讲话，表达对关公文化的崇敬之情。接下来由关公信众代表讲话，旨在传承和推广关公文化。在各地关氏精英人士和关公信众代表发表完自己对于关公的认识后，由主祭人进行简要总结，最后由西古村关公锣鼓队在关帝阁前表演关公锣鼓（见图 3-2）。

关帝阁前的祭祀结束后，众人要排成整齐的队列，在本村祭拜关氏先祖中的著名大儒关朗之墓。在关朗墓前，鸣炮奏乐之后，各地关氏后裔献上贡品，虔诚祭拜，烧三炷长香，行三拜九叩之大礼。（见图 3-3）在锣鼓队表演后，主祭人总结发言。接下来全体关公后裔及信众在关朗墓坟上举行滚鸡蛋的活动，意寓着沾祖先灵气保佑平安健康。全体关氏后裔拍照纪念。

图 3-1　西古村关公后裔五门及关公信众参加清明节祭祀

图 3-2　清明祭祀中在关帝阁前表演关公锣鼓

图 3-3　清明祭祀中祭拜关朗墓

在西古村进行清明关公祭祀活动的同时，一部分西古村村民要作为代表参加常平关帝家庙的清明祭祀活动。由于历史上早已确立了西古村为关公后裔的宗支主根之一，运城解州关帝庙、常平祖庙每年举办大型祭祀活动时，都会遵照一个传统即每次祭祀活动中，西古村的后裔代表到了之后，庙宇正门才能打开，祭祀活动才能开始。因而西古村关氏一族不仅要在本村举行清明祭祀，而且要派部分代表去参加关帝家庙的关公清明祭祀活动。西古村关氏后裔代表参加的活动流程为：早上 8 点，所有参加活动人员统一在常平关帝家庙前的广场集合，领取銮巾和参拜团牌。各地关氏后裔、关公信众举行文艺献演，如关公锣鼓、“关公舞大刀”表演、关公武术表演、关公好汉歌舞表演、扇子舞等。全国各地关氏后裔和关公信众、关公文化研究专家、关公“义子”聚集在常平关帝家庙举行清明祭祀关帝盛典。众人列队进庙到崇宁殿前统一祭拜，依次在三祖殿、祖宅塔、娘娘殿、太子殿前祭祀，举行虔诚祈福盛典，向关圣帝君敬献花篮、进酒、上香、行三拜九叩大礼，恭读祭文，感受关公文化熏陶。最后拍照留念，原路返回。

四、清明祭祀仪式中关公精神的传承链条

西古村清明关公祭祀活动历史悠久，已成定制，祭祀流程比较完备，不仅突出了关公文化的精神内涵，而且将关公文化设置在一个承上启下的历史链条中。在《关氏家谱》首页的《世袭赞》中，概括了关姓始祖关龙逄、圣祖关公及先祖关朗的事迹：“关姓之族，封龙逄公为陇西关中王，并赐姓为关，夏朝至汉朝末，跨越时空两千年，龙逄世袭常平传。公元 160 年，河东郡下冯村（今常平村），关羽横空出世。少年的关羽，习文学武，性格豪爽。年轻时仗义行侠，怒杀豪霸，为民除害，至后精忠西蜀扶刘公，

楚地麦城天命尽，一生儒雅知文，神威奋武功高当世，名垂千古。幸生平兴索三子，宗末传至子明公。到南北朝时，有经天纬地之奇才的关羽世孙关朗出生，魏孝文帝亲自见，朗有奇才不露面。遁迹故射身世埋，授徒开讲学易文。叶落石棺葬古村，羽兴后裔朗为根。谱载关朗字子明，仕后魏为散骑常仕，后因用不果，遁迹为故射之阳，卒于太和十三年（公元489年）。其子关有，用石棺葬于本里之北，高冢尚在，内计坟地九亩三分。”

以西古村《关氏家谱》为依据，西古村的祭祀活动将“始祖关龙逄—圣祖关公—先祖关朗”这一历史链条充分展开，既对关公精神溯本追源，也使关公精神得到了弘扬，使关公精神完整呈现在世人面前。通过庄严的祭祀仪式，海内外的关氏后裔及关公信众体会到关公的铮铮忠骨，体悟到关公精神不是无根之木，无源之水。正如胡小伟在《关公故里关氏家谱序》中所说的：“推想后世所以要推关龙逄为河东关氏祖源，固然是因为得姓较早，足以证明关氏之先脉来源有自。更重要的是关龙逄为中国历史记载中最早因为诤臣谏言，不屈而死的忠直之士，这与关羽一生体现出来的‘富贵不能淫，贫贱不能移，威武不能屈’的大丈夫人格一脉相承，文武相济，也证实关氏一脉以此激励世代忠义，为国为民的素质。”关公精神的传承链条使参与祭祀的主体汲取了关公最耀眼的精神品质，以关公精神构建起自己的精神家园，体会到“同根同族同圣祖，相亲相谊相福佑”之情，有益于将关公文化进一步传承发扬下去。

第三节　西古村关公诞辰祭祀仪式的形式与内容

自宋代开始，关公祭祀逐渐规范庄严。《宋史·志五十八·礼八》记载：宣和五年（1123）关公被加封为“义勇武安王”后，从祀于“武成王庙”。每年关公的诞辰日成了关公祭祀的重要活动。明代，关公由“从祀”升级到“专祀”，关公生辰的祀典也日益隆重。《关帝志·祀典》称：“明嘉靖年间（公元1522—1566年），定京师祀典，每年五月十三日遇关公生辰，用牛一、羊一、猪一、果品五、帛一，遣太常官行礼。四孟及岁暮，遣官祭，国有大事则告。凡祭，先期题请遣官行礼。”另据《明史·志二十六·礼四》记载：“以四孟岁暮，应天府官祭，五月十三日，环路南京太常寺祭。”[①] 从记载中可以得知，明代的京师北京和应天府南京每年在关公生辰日五月十三[②]，皇帝都要派遣专司礼仪的太常寺官员前往关帝庙祭祀关帝，拜祭的礼品也有严格的要求，不能违反规制。

西古村自古以农历六月二十四为关公诞辰日，在关公诞辰日每年会举行规模宏大、礼仪繁多的祭祀活动。随着时代的发展，关公诞辰日的祭祀活动已经简化浓缩为：诞辰日凌晨抢香、诞辰

① 关新刚：《关公在河东》，山西出版传媒集团三晋出版社2013年版，第224页。

② 注：关公诞辰日历来有多种说法。一为农历五月十三日；一为农历六月二十二日，一为农历六月二十四日。现大多认可“六月二十四”的说法。出自常平村关帝家庙内所立清康熙十九年（1680）的《前将军关壮穆侯祖墓碑铭》，记其生于“桓帝延熹三年（160）六月二十四日”。

祈福仪式、关帝巡村、关帝认子、敬献关公戏五个部分。

西古村无论是关氏一族还是其他姓氏都非常重视关公诞辰的祭祀活动。虽然西古村大部分青壮年都外出谋生，但外出务工的村民都会在诞辰日当天从全国各地赶回西古村参加活动，很多人宁可关门闭店暂停生意也要赶到祭祀现场，其思乡归乡之情比春节更甚。西古村周边的南古村、北古村、东古村的村民以及全国各地的关公信众、关公“义子”也专门前来参加祭祀活动，海外的关公后裔也经常回到西古村参加祭祀活动。

一、诞辰日凌晨抢香仪式流程

关帝阁凌晨抢香活动在农历六月二十四零点准时开始，参加人员往往提前几小时在关帝阁前守候。关帝阁经过打扫清洁，灯火通明，烟雾缭绕，供案上摆满了水果、糕点等贡品，由于上香人数太多，关氏宗亲联谊会组织专人负责维持秩序。零点一到，大家你争我抢为关公上香，希望能抢到头炷香。不管是否抢到了头炷香，每一个上香人都会虔诚地拈香三炷，在关帝圣像前郑重许下心愿，跪拜三次，祈求关公护佑。关帝阁的工作人员会提醒每个上香之人，在上香时不可用嘴吹香，以免浊气驱走灵气。跪拜时，要五体投地，平身时，要端正身躯，以示虔诚。上香完毕，工作人员为上香人放一挂鞭炮。凌晨抢香活动从零点一直延续到凌晨 3 点左右，如果有人没有赶到给关公上香，也可在早上 8 点至正午 12 点之间来上香。很多外地信众都是选择清晨上香祈福，诞辰日的正午之前关帝阁前一直是香雾缭绕，鞭炮声不绝于耳（见图 3-4）。

图 3-4　关公诞辰日关帝阁抢香活动

二、诞辰祭祀祈福仪式流程

诞辰日的祭祀祈福仪式一般是当天 9 点开始，关氏宗亲联谊会会长作为主祭人向关公神像献上各式供品，然后上香，拜、跪、三叩首、起、拜之后进行荐酒仪式，给关公进酒，拜关公，请出关公。之后放五千响长鞭炮，锣鼓开道，由 8 个身着古装的青壮年用神轿将神像从西古村村支部中请出来。西古村的开光关公神像高大威武，一身正气。抬轿人的属相要与当年生肖一致，一般以本命年 36 岁为主力，配以 24 岁、48 岁的人。如 2016 年是猴年就由 8 个生肖为猴的青壮年来抬轿，其中 36 岁生肖为猴的青年为主力，配以 24 岁、48 岁的生肖为猴的青壮年。神轿出门后，一路鞭炮齐鸣，锣鼓喧天，热闹非凡，众人簇拥着关帝神像缓缓到达关帝阁西南方的关圣文化广场举行祭祀祈福仪式。

仪式首先由主祭人献上鲜肉、水果、色彩鲜艳的花馍等各式祭品，上香后众人拜、跪、叩首、再叩首、三叩首、平、拜，主祭人恭读祭祀文（见图 3-5）。2016 年的诞辰日祭文强调关公精神的当代价值，表明关公后裔及关公信众对关公精神的保护与传承。祭文内容如下：

运城市西古村圣裔庄

纪念圣祖关公一千八百五十六周年寿诞祝文

西古后裔　圣裔之庄　圣祝世孙　关朗故乡

关帝圣像　巡游全村　直面神容　情感加深

福佑我辈　垂裕后昆　恩泽四方　惠及子孙

关公精神　世代传承　社会需要　民族魂灵

猴年腾飞　后裔虔心　鸡年接力　心诚巡祀

丙申之年　乙未之月　关公精神　年年续接

伏唯尚飨

圣裔六十八代世孙敬祭

主祭人恭读完祭文后，由村中德高望重的族贤领读关帝圣训“读好书，说好话，行好事，做好人”，族贤对关帝圣训逐一讲解后，每读一句，众人跟读一句，四句读毕，众人合诵一遍。12 字关帝圣训言语浅近、通俗易懂，能够深入心灵深处，众人在郎朗诵读声中潜移默化地接受了关帝圣训的影响和引导。之后，众人依次上前上香跪拜。接下来是本命年圣像交接祈福仪式。本命年是民俗学的一个重要概念，旧指五行数命回归之年，即 60 年一本命年，现指是 12 年一遇的农历属相所在的年份，俗称属相年。

在传统习俗中，本命年常常被认为是一个不顺利的年份，所谓“本命年犯太岁，太岁当头坐，无喜必有祸。”本命年在民间有着广泛的影响，在南北民俗中，都有在本命年挂红或请开光关公避邪躲灾的传统。因此人们每逢本命年便钟爱红色也热衷供奉关公祈福。在本命年圣像交接祈福仪式中，上下两个属相的代表人物要交接一面祛邪避灾的关公铜牌，铜牌为黄铜材质，长 10 厘米，高 18 厘米，铜牌正面刻有“勇冠古今”四字（见图 3-6）。交接中，上一任关公铜牌守护者将裹着红布的关公铜牌从古棕色匣子中取出，向众人展示。上任守护者双手将关公铜牌交给本年的守护者，本年的守护者身披红绸虔诚跪下，接过关公铜牌后，三叩首祈求关公福佑。最后本任守护者手持铜牌绕众一周，并发言表示将实践关公圣训，传承关公精神（见图 3-7）。每年前后两任关公铜牌守护者的交接不仅祈求关公福佑，也表示了关公文化的传承。

图 3-5　众人在拜祭关公

图 3-6　诞辰祭祀祈福仪式中的关公铜牌

图 3-7　关公铜牌守护者手持铜牌发言表示传承关公文化

三、关公巡村仪式流程

在“关公圣诞祭祀祈福仪式”结束后，紧接着进行关公巡村仪式。主祭人高声宣布“关老爷起轿”，关公神像被八个青壮年抬着开始巡村。标旗队、关旗队、肃静回避牌、关公锣鼓队在最前边开道，相隔十米是关公神像（见图 3-8）。参加巡城的人员都坚信关公神像是关公的象征，人们对关公神像进行供奉膜拜就如同对着关公本尊进行祭拜，使得关公神像具有了重要的文化意义。巡村路线是从关圣广场前起驾，经过关帝阁，由南向北绕村一周，直到涑水河对岸的四大队结束。关公诞辰日村中会有小型庙会，当关公圣像巡村时，沿路的商户及村民都会跪地祭拜，有的提前准备好圆馍和水果跪拜，有的则肃立在路边双手合十祭拜。西古村紧挨着运城市一级公路，当巡村队伍经过村边的一级公路时，南来北往的车辆，无论是大货车还是小轿车，看到巡村队伍都认为很幸运，纷纷下车，拦下巡村队伍主动在路边祭祀、祈福，希望得到关公的护佑，多数人捐一百元的香火钱。在 2015 年左右，因为村中年轻人大多外出打工，村中壮劳力不足，就将八人抬轿子改为用卡车载着神像巡村，八个守护人在神像旁守护（见图 3-9）。

在巡村结束后还要举行安神仪式，神轿放好后，主祭人要把轿帘放下来，然后对着关帝圣像进行拜、上香、敬香、拜、跪、叩首、再叩首、三叩首、拜、礼成的仪式。主祭人、陪祭人、抬神轿轿夫及主要的祭祀活动组织者、各方代表也要进行拜、叩首的仪式，至此关公巡村仪式才宣告结束。

图 3-8　关公圣像巡村中锣鼓开道

图 3-9　关公圣像巡村

四、敬献关公戏仪式流程

在关帝圣像巡村结束后，运城蒲剧团就要在关公戏台敬献关公戏，以此来庆祝关公诞辰。蒲剧是运城的地方戏曲，运城市现有市县（区）级专业蒲剧团 15 家，业余蒲剧团 30 多家。这些剧团都各自保留有视为“看家戏”的关公戏，目前保留下的关公戏有三十部之多。在西古村经常上演的关公戏主要有《斩熊虎》《三结义》《温酒斩华雄》《单刀会》等。《斩熊虎》讲述的是关公得知恶霸熊虎父子勾结县令，强占张继昌之女鸾娇为妻，关公仗义行侠，在公堂上怒杀熊虎父子及县令逃走。当追兵即将追上关羽时，观音现身指点关公去泉边洗脸，关公洗面后变为红脸脱险。《三结义》又名《桃园三结义》或《刘关张》。主要讲述人们熟知的刘关张三人因志趣相投而结拜为异姓兄弟的事情。《温酒斩华雄》又名《斩华雄》《汜水关》，讲述曹操召集各路诸侯，讨伐董卓的故事。十八路诸侯推袁绍为盟主，兵至汜水关，董卓的大将华雄连战取胜，并斩杀鲍忠、俞涉等。关公主动请缨前去战华雄，温酒尚未冷却即已斩杀华雄，从此名震诸侯。《单刀会》，亦名《临江亭》《关大王单刀会》，讲述孙权命鲁肃向刘备再索荆州，刘备假意答应将三郡交还。诸葛瑾向关公索要三郡，关公不肯交还。鲁肃设计请关公过江赴宴，暗中埋伏，准备胁迫关公归还三郡。关公将计就计，只带周仓一人，单刀赴会，勇闯敌营，宴间历叙战功。鲁肃索要荆州，关公假醉，单手持刀，以鲁肃为人质逼退东吴众将，安然返回荆州的故事。

四部关公戏向人们生动直观地展示了关公一生的高光时刻，表现了关公不畏强权、义薄云天、赤胆忠心、智勇双全的人格魅力。每年在西古村演出关公戏的蒲剧团都倾尽全力，将最好的演出带给来自全国的关公信众，他们的表演经常得到观众的掌声与喝彩。观众中不管是熟悉关公戏的西古村人还是初次接触蒲剧的外地信众，都全神贯注地注视着演员的一举一动，在紧张的剧情中经历了关公传奇的一生，重温了关公精神的精髓。

五、关公认义子仪式流程

关公是道德楷模，以忠义仁勇被万世敬仰，很多西古村周边的村民及关公信众自愿让自己的孩子做关公的义子，以关公为人生榜样，践行关公精神，也祈求关公赐福保佑。在关公巡村结束后，关帝阁前会举行关公认义子的仪式。认作关公义子的程序是：带上贡品，烧三炷长香，三叩九拜，行大礼。关帝阁的守护人会提供一副碗筷，保佑义子有饭吃，然后扯一段红绳，绑在手上或缠在脖子上，保佑平安。这个红绳是关公身上所缠绕的红绳，开过光沾满灵气。在献上贡品后，还要再给关公披袍。如果没有带袍，可捐献一百块的香火钱。关公义子必须在每年关公诞辰及春节前往关帝阁祭拜。这不仅仅体现了对圣祖的敬畏和追念，更是一种对民族优秀传统文化的传承与弘扬。新时期提倡家风家训，关公义子直接将关公家训作为自己的家训，关公义子及其父母会主动以关公精神约束自身行为，让优良的家风落地生根，让传统文化落地生根，扩大了关公文化的影响。

第四节　西古村集体祭祀在乡风文明建构中的时代意义

“祭者，教之本也已。”祭祀活动作为中国传统社会最具本土化和原生态的文化因子，诠释着中国传统文化的清晰脉络[①]。在新

① 张双婷：《作为中国传统教育基因的家族祭祀研究》，载《集美大学学报》，2019 年第 11 期。

时代乡风文明建设的关键时期，西古村的集体祭祀展示出了其独特的时代意义。

一、祭祀仪式唤醒集体记忆，以文化认同进行活态传承

集体记忆这一概念最早是由法国社会学家莫里斯·哈布瓦赫提出，集体记忆指一个特定社会群体的成员共享往事的过程和结果，保证集体记忆传承的条件是社会交往及群体意识需要提取该记忆的延续性[①]。作为集体记忆储存工具的文本主要来自两个方面，“一方面是通过文字形式的物质化，文字使得语言成为不可变更的存在；另一方面是通过固定化或经典化，它们保证了文本成为历经岁月的无可指摘的形态。”[②]“只有通过阅读或听人讲述，或者在纪念活动和节日的场合中，人们聚在一块儿，共同记忆长期分离的群体成员的事迹和成就时，这种记忆才能被间接地激发出来，所以说，过去是由社会机制存储和解释的。”[③]

西古村的集体祭祀活动唤醒了村民的集体记忆，并在一年数次大型祭祀活动中被固化和经典化，而记忆空间则是集体记忆建构的土壤，西古村祭祀中强调的神圣记忆空间成为激活西古村民集体记忆的重要因素。西古村清明祭祀程序严谨，条理分明，祭

① ［法］莫里斯·哈布瓦赫：《论集体记忆》，毕然、郭金华译，上海人民出版社2002年版，第10页。

② 转引自［德］阿斯特丽特·埃尔、冯亚琳主编《文化记忆理论读本》，北京大学出版社2012年版，第32页。

③ ［法］莫里斯·哈布瓦赫：《论集体记忆》，毕然、郭金华译，上海人民出版社2002版，第43页。

祀过程形成了关龙逢墓祭祀空间、关帝阁祭祀空间、关朗墓祭祀空间等神圣空间。当村民们相聚在这些祭祀空间共同追忆关公精神时，《关氏家谱》中文字形式的始祖、圣祖与先祖的集体记忆被一一唤醒，神圣空间中出现的“圣裔庄”牌楼、朝廷赐封的世袭翰林院五经博士碑、关姓定例碑、赋税差役优免碑等历史遗存保证了文字形式的集体记忆成了历经沧桑而不容置疑的形态，生动鲜活地再现了关公精神的时间流转与空间延续。在集体记忆的映照下，祭祀参与者被关龙逢为国尽忠、为民请命的精神所感动，并将圣祖关羽、先祖关朗与始祖关龙逢的精神进行了正向连接，这些英雄虽然间隔几千年，但骨子里为国分忧、忠于职守、勇于赴险的忠义仁勇的秉性却从未改变。

集体记忆总是在特定的空间中被延续和创造，记忆空间不仅是见证历史演绎的载体，而且是引导激发人们发现自己、产生经验、诠释理解和找到意义的一连串场所。[①] 通过塑造、渗透于记忆空间，集体记忆才真正建构起观念生成、文化传承的有效机制，展现了更为鲜活多元的承载力，并对族群的身份认同和文化传承具有重要的价值和意义。西古村集体祭祀活动中的记忆空间见证了关公文化的历史演绎脉络，祭祀活动中承载的关公文化作为一种集体记忆的反映，唤起观看者的自我认知和身份认同。在祭祀空间中，关公文化符号随处可见，巡村时的关公圣像、被众人熟记于心的关公“四好家训”、每年交接的关公福佑牌、精彩纷呈的关公戏，等等。具有共同记忆的符号成为族群的身份认同方式。

① 王子涵：《宗教传承的时空建构——“集体记忆”的能动性理解》，载《世界宗教文化》，2019 年第 2 期。

记忆空间中关公文化符号一再唤起人们的集体记忆，激发了村民认识与情感上的共鸣，循序渐进地巩固着西古村民的族群归属感。西古村人通过解读和接受集体记忆中的关公文化符号，进一步对自己的关圣后裔的文化身份做出解释，明白自己的角色定位以及肩负的责任与使命，逐渐加深自身文化身份的自豪之情，并形成对关公后裔共同体的认可与依赖。由于集体记忆范式并非是形塑过去、诠释过去、消耗过去的单向度形态，集体记忆更重视立足"现在"这一时间坐标，面向未来进行文化传承的延续①，因而集体记忆带来的身份传承的神圣感并没有随着祭祀活动的结束而立即消失，而是持续影响着人们的世俗生活。西古村的集体祭祀立足"现在"，唤起了过往历史中的集体记忆，这些集体记忆一再强化村民的身份认同和想象。当关圣后裔成为令村民无比自豪的文化身份后，为了历史发展的延续性，让关公文化薪火相继，延绵后世，村民们愿意主动面向未来尽己所能为关公文化传承贡献力量。每年村中与关公文化传承相关的活动，并不富裕的村民都不计报酬无偿服务，积极主动出钱出力，并且分工明确，各司其职，确保关公文化传承活动的顺利进行。我们团队在询问村民无偿服务动机时，从八位讲述人的叙述中发现，他们最常说的一句话就是"咱们绝不能让关公文化断在咱这一代手里，能传一定接下去传，要不死了都没脸见祖宗。"（见表 3-1）正是在祭祀活动集体记忆刺激下产生的强烈的传承意愿才使得西古村的关公文化历经沧桑，自成一脉，实现了关公文化的活态传承，成为

① 王子涵：《宗教传承的时空建构——"集体记忆"的能动性理解》，载《世界宗教文化》，2019 年第 2 期。

延绵千百年的关氏祖籍之地、繁衍之根。

表 3-1　西古村关公文化讲述人统计表

访谈对象	性别	年龄（岁）	基本情况	资料类型
关康义	男	78	西古村村民，上过学，识字	口头文本
关德成	男	65	西古村村民，上过学，曾多年担任村支书	口头文本
关安城	男	60	西古村村民，初中学历	口头文本
关攀峰	男	43	西古村村民，大学学历，经商	口头文本
关惠敏	男	58	西古村村民，上过学	口头文本
关自在	女	62	西古村村民，上过学	口头文本
解金串	女	73	西古村村民，不识字	庙宇情况
景桂香	女	51	村关公锣鼓队长，上过学	口头文本

二、祭祀仪式对冲“乡村原子化”风险，形成社会和谐的文化纽带

在中国传统社会，人们长期生活在由某种社会关系联结起来的社会群体中，在这个共同体中，人们具有共同的身份和某种团结感以及共同期待，其中，包括家庭、家族、邻居、朋友等亲密成员关系的初级社会群体更是人们安身立命的基石。但随着中国现代化进程的加快，初级社会群体不可避免地走向衰落，中国渐渐出现“社会原子化”动向，社会原子化主要表现为人际关系疏

离、个人与国家关系疏离、道德规范失灵等[①]。社会原子化的环境中，人们开始从“共同体”中被剥离出来，人际关系疏离，本应具有的亲密社会关系随着心理距离的扩大而慢慢淡化直至消失，人们成为一个个孤岛，陷入利己主义的小圈子。正如美国学者帕克所说：“在城市环境中，邻里关系正在失去其在更简单、更原始的社会形态中所具有的重要性”，“在那里，成千上万的人虽然居住生活近在咫尺，却连见面点头之交都没有。”[②]初级群体中，人们之间守望相助，不离不弃的关系被削弱，建立在这种亲密关系上的道德秩序也随之崩塌。这使得人们的社会资本大量耗损，产生了明显的负面影响。这种“社会原子化”动向对乡村的影响更大，十八届三中全会后，新型城镇化建设理念的提出、国家户籍制度的松动加速了农村人口向城市迁移，这直接导致了城乡之间出现了“过密—过疏”的两极化发展。过疏化村落面临着一种严重的社会原子化危机，主要表现为“家共同体”的凋零，邻人共同体的解体，基于劳动生产而生成的互助体系的解体等方面。[③]在人们原子生存的环境下，怎样在城镇尤其是乡村增强人们之间的联系纽带，维护族群的整体系统性和内部的社会秩序，增进集体认同感和向心凝聚力就成了当务之急。此时，仪式就成为行之有效的对抗原子化生存并产生强大凝聚力的方式。仪式是人类的

① 田毅鹏：《转型期社会原子化动向挤兑社会工作的挑战》，载《社会学研究》，2009 年第 7 期。

② 转引自冯刚《整合与链合——法人团体在当代社区发展中的地位》，载《社会学研究》，2002 年第 4 期。

③ 田毅鹏：《乡村过疏化背景下村落社会原子化及其对策——以日本为例》，载《新视野》，2016 年第 6 期。

一种社会参与行为，是人类社会文化传承与发展的方式，是社会组织或群体得以维系的认同力量。[①] 现代社会的流动性越来越强，不确定性越来越大，仪式可以对冲流动性带来的风险，借助仪式，社会成员可以建构社会秩序，获得结构性稳定，并传递情感上的安全感和社会的信任感。在风险社会，仪式更能够唤醒人们心中的美好情感，成为心灵的港湾和力量的源泉[②]。

我们团队在西古村的调研中发现，在 2001 年前后，西古村曾一度出现过原子化生存的倾向。当时，西古村青壮年外出求学务工现象突出，在村中留守的几乎都是老人、妇女与儿童，很多家庭出现严重的分离与留守问题；有的家庭在村中虽然保留祖屋，但因工作求学等原因举家外迁，长期不在村中居住，过年也不回村，与同族很少联系。多年推行的农村土地承包制使村民脱离了集体，独自耕种，人们失去了互助劳动的必要，邻里关系也变得淡漠，乡村传统的守望互助的邻里互助格局被破坏。在家庭、邻里关系急剧变动，祭祀仪式不被重视时，村民对于宗族的感情也被消解，不少村民甚至不清楚自己属于关氏五门中的哪一分支。村民淡忘了自己的文化身份与族群记忆，普遍出现比较强烈的孤独感，找不到自己的文化之根，对村中的公共活动缺乏兴趣，凝聚力涣散，离心离德的现象比较明显。发现这一问题后，西古村关氏宗亲联谊会在筹备关公祭祀活动时越来越重视仪式的参与度与神圣性，以仪式来增强西古村以及关公文化信众的凝聚力，取

① 邓志强：《仪式的“多维”学科诠释》，载《青年学报》，2019 年第 2 期。

② ［德］辛格霍夫：《我们为什么需要仪式》，刘永强译，中国人民大学出版社 2009 年版，第 21 页。

得了很好的效果。涂尔干在《宗教的基本形式》中认为："宗教仪典的首要作用就是使群体集合起来，举行仪式。所以说宗教仪典的首要作用就是使个体聚集起来，加深个体之间的关系，使彼此更加亲密。""不管宗教仪典的重要性是多么小，它都能使群体诉诸行动，能使群体集合起来，举行仪式。"[①]每年的祭祀活动，西古村关氏宗亲联谊会都积极通过各种途径发布活动时间和活动流程，竭尽全力提升村民对祭祀仪式的参与度。一年一度的祭祀活动也为村民提供了绝佳的相聚契机，在外求学务工经商的西古村人在祭祀活动当天都会想尽办法准时参加祭祀活动，互话家常，交流情感。不少有矛盾的宗亲也会在祭祀活动当天选择合适的和解机会，冰释前嫌。尤其是很多已经举家外迁的村民，几乎只有通过祭祀仪式才有机会与宗亲相聚，以此重新连接与故乡的情感纽带。在祭祀仪式时，西古村的祭祀活动注重仪式的神圣性与秩序感。如在清明祭祀仪式中，西古关氏宗族祭祀顺序不是任意排列随便聚合，而是按照五大分支（大门福盛堂、二门平忠堂、三门忠义堂、四门四合堂、五门博士门）的顺序排定为五个方队。每位村民都通过家中保存的族谱熟知自己所在的分支及尊卑次序，关氏五大分支分而为五门合而为一族，庄严有序地完成各项仪式流程。因为祭祀仪式，西古村宗族中的各个分支家庭又重新走到了一起，家族的关系得到有力的连接，家庭成员的家族意识被重新唤醒，"他们思想全部集中在了共同信仰和共同传统之上，

① ［法］爱弥尔·涂尔干：《宗教生活的基本形式》，商务印书馆2011年版，第476页。

集中在了对伟大祖先的追忆之上，集中在了集体理想之上。”[1] 仪式中，每个人都感受着同祖同宗之情，在集体中确认着自己关公后裔的文化身份，收获着情感上的安全感和信任感，强化了群体内部的认同与归属感。每个人不再是渺小漂泊的尘埃，而是关氏后裔中的一员，由此对关公的崇拜内化为宗族凝聚的力量，转化为对宗亲的深情大爱，对邻里乡亲的爱与善，家族国一体，这种宗族之爱进一步升华为国家之爱，希望国家民族聚沙成塔，团结共进，最终增强了人们的国家认同感、归属感、责任感和使命感。

仪式不仅是意义达成共识的场所，也是文化共享的重要表演过程。传递的仪式通过仪式的神圣过程，构建一个有序、有意义的文化共同体[2]。参加西古村祭祀仪式的除了关氏后裔外，还有广大的关公文化支持者，这些关公信众在仪式中也感受着祭祀仪式带来的心灵洗礼。在关公诞辰日，从关帝阁抢香、关公圣像巡村、诵读“四好”圣训等仪式中，关公信众感受到仪式中传达出来的关公文化，每个人通过仪式行为形成了关公文化的集体意识，通过仪式现场的情感体验最终形成对关公文化的认同，构建出和谐有序充满凝聚力的关公文化共同体。身处关公文化共同体中，每个关公信众在仪式中反思自我，重新定位自我，通过关公崇拜和自我精神建构实现了对关公文化以及中国优秀传统文化的深刻认知，在文化共同体中得到了文化自信和勇气资源，强化了关公文化共同体的认同感和归属感，达到了身心和谐与平衡，重新融入

① ［法］爱弥儿·涂尔干：《宗教生活的基本形式》，商务印书馆 2011 年版，第 476 页。

② ［美］詹姆斯·凯瑞：《作为文化的传播》，丁未译，中国人民大学出版社 2019 年版，第 1 页。

社会这个大的文化共同体中。

通过西古村祭祀仪式，不论是关氏宗亲还是关公文化共同体的关公信众均获得了温暖而坚实的情感力量，这种力量吸引了更多的祭祀主体参加祭祀仪式或来西古村进行关公文化交流活动。如 2005 年 4 月，世界关氏宗亲联谊总会执行会长关健中带领总会人员祭祀先祖；2006 年，旅澳华侨高永快夫妻前来西古村祭拜关公，捐赠物资；同年，中国关氏宗亲联谊总会 100 余名关姓后裔在西古村祭拜先祖；襄汾关氏宗亲联谊会原会长关中和，于 2017 年通过西古村关氏宗亲联谊会回到西古村认祖归宗，经过族谱考证，认定其为西古村关公第 41 代孙，会长关攀峰为其颁发了关氏后裔荣誉证书，认定其关氏后裔的身份。关中和带领襄汾关氏后裔参加过祭祀仪式后深感震撼，每年都主动参加祭祀仪式。2018 年马来西亚的新马泰关公文化推广中心来西古村进行关公文化交流（见图 3-10），并向西古村村委会主任捐赠物资（见图 3-11）。

图 3-10　新马泰关公文化推广中心在关帝阁前进行关公文化交流活动

图 3-11　新马泰关公文化推广中心向西古村村委会主任捐赠物资

当社会逐渐出现原子化生存倾向，传统的宗族与村落关系不可避免地受到现代社会发展的冲击时，仪式成为重建共同信仰，增强族群及文化共同体必不可少的一部分。西古村的关公祭祀仪式重新发挥了仪式的联结功能和情感功能，以强大的内聚力将世界各地的关氏后裔以及关公信徒联结在一起，让每个人找到了自己的文化之根，信仰之根，成德成己，最终转化为国家发展、民族进步、社会和谐的动力。

结语

希尔顿在《论传统》中指出："传统得以存在是企图摆脱它的有限能力和继续保存它的愿望的双重作用的结果，如果剥夺他们所具有的传统，他们便没有物质资源，也没有知识才能、道德力量和眼光来提供在世界中建设家园所需要的东西……传统是不可或缺的。"① 祭祀活动作为华夏文化的重要传统在群体成员身份认同以及精神家园建设方面具有不可或缺的作用②。西古村的集体祭祀历史悠久，内涵丰富，定期的祭祀传统在一定程度上塑造了西古村一代代人的行为方式以及身份认同，作为一种文化载体，它承载着整个群体的文化记忆。村民通过祭祀表达了对关公的崇拜之情，传播了"忠义仁勇"的关公文化核心。祭祀活动唤醒了海内外关氏后裔以及关公文化信众的集体记忆，增强了群体跨越世代的聚合力，保证了关公文化自身的连贯性和延续感，有效地活态传承了关公文化。随着影响力的不断扩大，西古村祭祀活动提供了更符合农民行为方式的社会主义核心价值观的培育方式，进一步深入推动了西古村和周边村镇的农民信仰重建，为西古村关公文化的发展和乡村振兴战略的实施作出了贡献。

① ［美］希尔顿：《论传统》，吕乐等译，上海人民出版社 1984 年版，第 285 页。

② 张东赞：《祭祀活动：宗教和理性之间的调节剂——祭祀在华夏文化生态龛中的多维度分析》，载《湖北社会科学》，2019 年第 10 期。

第四章　新乡贤对关公文化的传承与弘扬

“乡贤”一词始于东汉，是政府机关对有贡献的清廉官员，或德高望重、对社会有巨大影响力的社会贤达，给予表彰的荣誉称号。随着社会的发展，乡贤已不再是传统社会中以功名身份为核心的乡绅阶层，而是一批以自己的经验、学识、技艺、财富，以及文化修养和道德力量，参与到新农村建设和乡村治理中来，为乡村经济发展、文化传承、精神文明建设以及乡村秩序的维护贡献力量的贤达人士。[①]《〈“十三五”规划纲要〉（草案）解释材料》中提到，“乡贤文化是中华传统文化在乡村的一种表现形式，具有见贤思齐、崇德向善、诚信友善等特点，借助传统的‘乡贤文化’形式，赋予新的时代内涵，以乡情为纽带，以优秀基层干部、道德模范、身边好人的嘉言懿行为示范引领，推进新乡贤文化建设，有利于延续农耕文明、培育新型农民、涵育文明乡风、促进共同富裕，也有利于中华传统文化创造性转化、创新性发展。”[②]以乡情、乡愁为纽带，吸引和凝集各方成功人士返乡并积极投入农村治理中，这类群体被称作“新乡贤”。

新乡贤大致可以分为四种类型，一是生于本土、扎根本土，

① 吴奶金、刘飞翔：《新乡贤文化促进乡村治理转型研究》，载《农业科学研究》，2018年第1期。

② 《“十三五”规划纲要草案解释材料》，中国计划出版社2016年版。

在某一领域有所成就、品德高尚、形成一定影响力的本土能人；二是生于本土却外出工作或创业的乡贤，他们从乡村走出去，在外有所成就，并关心家乡发展，用新思维和新理念影响家乡发展和乡村治理，用新知识和新财富支持家乡建设；三是告老还乡的社会贤达，他们少年离家外出干事创业并有所成就，告老还乡后为家乡的某一方面贡献余热；四是外来投资创业的社会人士。[①]如果按照新乡贤所处地域划分，则可分为“在场的新乡贤”和“不在场的新乡贤”两大类：前者是指农村优秀基层干部、道德模范、退休返乡干部等长期在农村定居和工作的乡村精英，后者指那些虽然不定居农村但源于农村、依然眷恋热爱家乡的企业家、教育科研人员、党政机关干部等各行各业精英[②]。无论是否“在场”，新乡贤对于乡村文化都具有高度的融入性和认同感，乡村的方言习惯、价值规范、文化传统和风俗习惯是其文化认同的基础。本书限于篇幅，将仅以部分关公后裔为代表，探讨新乡贤（“在场”者包括关照辉、关德成、关攀峰，“不在场”者包括关新刚、关信革夫妇）是如何积极参与到发展乡村经济、传播乡村文化、振兴乡村教育、加强乡村社会整合等活动中，从多个维度来助推乡村振兴。

① 方丽、周发明：《新乡贤文化与现代乡村治理的作用研究》，载《农村经济与科技》，2017 年第 23 期。

② 孙迪亮、宋晓蓓：《乡村振兴视野下新乡贤助力乡风文明建设的机理分析》，载《广西师范学院学报》（哲学社会版），2019 年第 1 期。

第一节　发展乡村经济

“村庄秩序的生成具有二元性，一是村庄内生，二是行政嵌入”，其中“村庄内生”是指村庄秩序生发于村庄内部的礼法规则，“行政嵌入”指村庄秩序来自国家权威的外部性干预[①]。但因乡土社会特有的血缘、地缘、人缘依附性，“行政嵌入”要想真正发挥作用也须依托“村庄内生”秩序。在西古村，能够有机弥合二者之间罅隙，进而对村落实行有效治理的是基层组织权威，即村“两委”成员，他们是政府政策在基层的实际执行人和乡村自治的决策人，其身份带有“半官方”色彩。关照辉书记可以说是西古村“两委”的代表人物。

关照辉生于 1969 年，是关公第 69 代世孙，现任西古村党支部书记兼村委会主任。任职 16 年来（2003 年至今），关照辉兢兢业业，为西古村的建设和发展作出了很大贡献。他系十四届、十六届盐湖区人大代表，在西古村乃至盐湖区都享有一定声望。关照辉充分利用村庄现有的历史文化资源，积极争取政府项目支持。2007 年关朗墓群列入“盐湖区文物保护单位”；2012 年正式立碑；2018 年又开始积极申报省级文物保护单位。为配合“美丽乡村”建设，他带领村民加班加点、集思广益，极大改善了村庄风貌，2017 年西古村荣获盐湖区“美丽村镇”称号；2018 年被选

① 贺雪峰、仝志辉：《论村庄社会关联——兼论村庄秩序的社会基础》，载《中国社会科学》，2002 年第 3 期。

为盐湖区“乡村振兴试点示范村。”

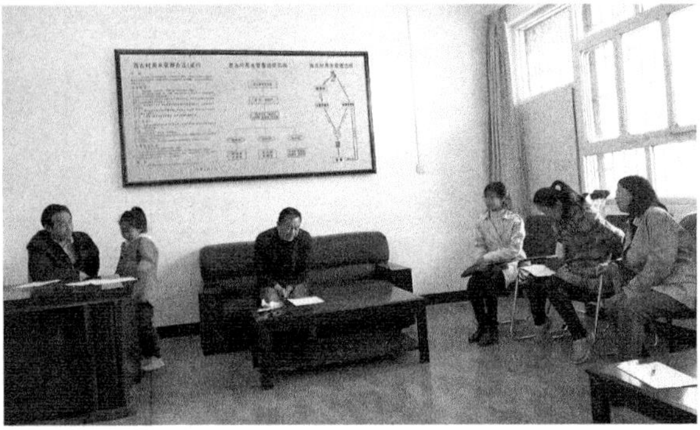

图 4-1　团队成员访谈关照辉（居中）

作为西古村的领导核心，关照辉深知乡村治理的根本任务是发展经济，在“产业兴旺、生态宜居、乡风文明、治理有效、生活富裕”的总体要求中，产业兴旺是实现乡村振兴的第一要务。因此，加快产业转型升级，夯实乡村经济基础成为关照辉推动西古村发展的指导思想。在资源匮乏的情况下，他积极探索乡村发展新出路。一方面结合村庄发展实际和外部市场需求，变革土地经营方式，推广农机使用，推进农村土地流转，进行规模化集约化生产；一方面依托乡村特有的关公文化资源，多方探求开发途径，推动村庄产业结构转型升级。

一、建设现代农业生态园

西古村是农业大村，传统上以种植经济作物和粮食作物为主。关照辉为增加经济效益，积极推进现代农业生态园建设，带领村民发展“农民专业合作社”，共搭建三十多个大棚，主营蔬菜的生产和批发。农忙时节，关照辉就把自己的办公室搬进地里，一边对接市场，积极寻找销路；一边联系三十多户菜农，严把质量关，打造优质品牌，为西古村农业生态园的长远发展蓄势。统一收购，统一销售的经营方式，解决了村民卖菜难的问题，仅此一项，每年就能给村民增加 200 余万元的收入。通过建设农业生态园，关照辉和盐湖区蔬菜办等职能部门也建立了良好的合作关系，并从政府部门争取到了 30 余万元的扶持资金。此外，关照辉每年都会请农业技术专家到田间地头对村民们进行技术指导，强有力的技术支持推进了西古村农业生态园的良性发展。

二、落实土地集约经营

在发展农业生态园的同时，关照辉还引导村民进行土地集约化经营。随着进城务工人员的增加，西古村闲置土地面积随之增加。为了解决务工人员的后顾之忧，优化资源配置，关照辉以每亩 150 元的价格流转了 300 余亩土地，涉及 100 余户村民。他组织懂技术、有经验、会管理的专业农民，因地制宜搞起连片种植，每年粮食产量在 30 万千克左右。这批村民也带动了村里的闲散劳动力，从而为村民增收起到了重要作用。土地流转不仅优化了土地资源利用，解决了村落长期以来土地闲置、流动性差，甚至抛荒的现象，还使进城务工人员可以摆脱土地的束缚，更加专注于自己的打工生活，每年也可获得相当可观的收入。这样，在一定程度上加快了西古村实现共同富裕的步伐。

三、发展特色产业

西古村人多地少，人均耕地仅有一亩多，村民收入低。为优化西古村的产业结构，关照辉积极倡导村民发展特色产业。同样是果木种植，关照辉另辟蹊径，把村里自产的红香酥梨予以包装宣传，冠之以“关公酥梨”的美名，利用关公文化的知名度来打造西古村农产品的品牌效应。经过多年经营，“关公酥梨”已畅销多地。另外，关照辉还鼓励村里的年轻人走出去，或学习技术技能，或看准商机做生意。西古村 80% 的年轻人都外出务工，而大部分都以“打饼子”为生。由于他们打的饼子外脆里酥分量足，所以深受百姓欢迎，得知他们来自关公老家后，大家都笑称他们是将关公的诚信精神融入了酥饼生意中，“关公酥饼”的品牌也应运而生。如今，西古村的“关公酥饼”已经遍布全国十七八个省，不仅增加了村民的经济收入，提高了村民的生活质量，而且对推广关公文化发挥了重要作用。

四、探索文旅产业发展新路径

关照辉充分利用西古村“关公后裔主要聚居地”这一优势文化资源，积极将村庄打造为关公信众寻根祭祖与祈福圣地，从而有力带动了西古村旅游业的发展。近年来，中央电视台《远方的家》《记住乡愁》《中华兵道》等栏目组相继来村里录制节目；马来西亚、新加坡、越南等地的演艺团体也专程来为村民演出；来自中国台湾、中国香港、中国澳门、马来西亚等地的关公信众不远万里特地来寻根祭祖。旅澳华侨高永快在西古村朝拜时，一次性捐款20万元。关照辉带领村民热情接待来访客人6000余人次，极大提高了西古村的知名度，并为村里吸引到30余万元的经济收入，为西古村的经济发展提供了一定的保障。

五、注重加强乡村精神文明建设

关照辉作为村党支部书记，他还特别重视西古村的精神文明建设，注重涵养文明乡风。西古村制定“村规民约”，对村民的行为方式进行有效规范和约束。西古村“村规民约”第二条规定：要诚实守信，不给先祖——关公形象抹黑。行为规范的第一句就是“咱西古，是宝地，关帝爷，是祖宗”。每年清明节祭祀、关公诞辰纪念日，关照辉都会组织文艺活动，不仅丰富了村民的文化生活，更重要的是时刻提醒每位村民要知道自己是关公后裔，为人处世要用关公精神来衡量自己。调解村民纠纷时，他常会苦口婆心地劝对方，“不要给关老爷丢人。”一句话就让当事双方都冷静下来，矛盾也迎刃而解。与相邻几个村落比较，西古村可以说是民风淳朴、村风向善，村里“小事不出村，大事不出镇，矛盾不上交，就地解决”，连续17年实现“五无（无访、无案、无公共安全事故、无毒、无邪教）”目标。正如费孝通先生所讲，“礼治机制”在乡土社会发挥着纠纷解决与秩序维持的主导功能[①]。在西古村，关公的“四好”遗训（读好书，说好话，行好事，做好人）

① 费孝通：《乡土中国·生育制度》，北京大学出版社1998年版，第58页。

已然成为西古村村民的“乡规民约”，并已上升为一种“礼治秩序”。村民已将关公文化融入到了日常生活中，内化为道德约束和行为自觉，成为根植于每个村民内心深处的文化基因。

第二节 传播乡村文化

乡村振兴包含了产业、人才、文化、生态、组织五个方面，其中文化振兴是关键所在。乡村振兴不仅要塑形，更要铸魂。乡村文化的发展，需要结合村庄具体实际，在保护村落历史文化、传承村落优秀传统文化、发展村落特色文化、重塑村落生态文化方面下功夫。文化的传承和发展离不开传播，“从一定意义上说，文化的本质就是传播，没有传播就没有文化的传承、增值与重构；没有传播，也就没有文化的冲突、变迁和控制。”[①] 作为西古村“不在场”的新乡贤代表，关新刚先生便是一位致力于传播乡村优秀传统文化的杰出人物。

关新刚生于1959年，是关公第68代世孙。曾任盐湖区常平乡（关公家庙所在乡，2001年3月撤销乡镇建制，现属解州镇）党委书记，盐湖区委宣传部副部长，盐湖区文化新闻出版局局长等职。2011年退居二线。现任关公故里关氏宗亲联谊会名誉会长，运城市关公文化学会会长。自20世纪90年代初至今，关新刚在关公文化的传播方面不辞辛劳，做了不少有益的工作。

---

① 庄晓东：《传播与文化概论》，人民出版社2008年版，第108页。

图 4-2　团队成员访谈关新刚（居中）

一、运城关公文化发展早期的倡导者、发起人

关新刚是运城市最早参与关公文化宣传活动的政府官员之一。早在 20 世纪 90 年代初，他就与关森柱（现任关公故里关氏宗亲联谊会会长，盐湖区龙居镇小曲村关公后裔）共同发起成立了“关公故里关氏宗亲联谊会”（两人均为中国关氏宗亲联谊会创会会长）。《黄河晨报》曾评价，“由运城日报社孟海生发起成立的关公文化研究会，交警大队李英杰发起成立的关公基金会，关新刚发起成立的关氏宗亲联谊会，曾经是运城市较早的三大关公文化研究宣传机构。”[①] 另外，他还是关公诞辰纪念活动发起人和主办人之一，20 多年来，他积极投身其中，无怨无悔。1993

① 张建群：《一位关氏后裔的关公文化情缘》，载《黄河晨报》，2011 年 7 月 20 日。

年 2 月 24 日，运城市关公研究会、关氏宗亲联谊会、关公基金会联合举办“关公巡游河东”活动，关新刚一行人需要先到解州恭迎关公圣像，携圣像至关公故居常平村祭拜，之后再到关氏后裔族居地盐湖区北相镇西古村、龙居镇小曲村巡游，最后折返回解州关帝庙。整个行程长达数十公里，关新刚作为关公后裔代表，全程手扶圣像近 6 个小时，巡游结束后，手指僵硬得不能屈伸。1995 年 7 月，在由“三会”联合发起并主办的常平乡纪念关公诞辰 1835 周年大会上，关新刚作为关公后裔代表发言，时任运城市（今盐湖区）委书记梁志俊慧眼识珠，从宣传部提任关新刚到常平乡担任乡党委书记。此后，关新刚更是以传承、传播关公文化为己任，数十年如一日，辛勤付出，成为关公信众心目中的一面旗帜。

二、积极向外推介西古村

20 世纪 90 年代以来，西古村作为关公后裔主要聚居地引起了海内外关公信众的广泛关注，这一切都离不开关新刚多年来的努力和付出。任常平乡党委书记期间，他带领乡政府一班人不懈努力，使得 1998 年的“关公千年大祭活动”在常平村成功举办。本次活动中他还首次采用仿古仪式祭祀，并培训了一批宣传员为到场嘉宾讲解。在关新刚的协调、争取下，西古村关氏后裔也得以带上家谱、锣鼓、袖带在祭祀活动中亮相，横幅上“关公故里在常平，关氏后裔在西古”一句话尤为醒目，向世人宣告西古村作为关公后裔嫡系村的存在。近年来，他作为西古村关公后裔代表，先后接受中央电视台《记住乡愁》《远方的家》《中华兵道》品牌栏目和中国香港、中国澳门、中国台湾电视台对他的个人访谈。西古村也越来越多地引起外界关注，前来西古村认祖归宗的海内外关公后裔络绎不绝。

三、组建运城市关公文化学会

为了深入研究、大力弘扬关公文化，关新刚自愿出资，精心筹备，邀请来自全国各地的关公文化学者、专家、企业家数十人，组建运城市关公文化学会。“学会”积极服务地方文化建设，参与多个关公剧作的研讨、筹备工作，如《再现关公》《关乡人家》《天下关公》《武圣关公》等舞台剧、影视剧的研讨座谈。“学会”还多次协办、承办关公文化祭祀活动，如 2019 年 10 月 12 日在盐湖区解州常平家庙举行的澳门传承关公文化协会关公圣像起驾仪式，10 月 24 日在澳门举办的庆祝中华人民共和国成立七十周年、澳门回归祖国二十周年暨澳门传承关公文化协会成立仪式、恭迎山西运城关公铜像莅澳揭幕典礼等活动，为促进澳门与山西之间的关公文化学术互动作出了重要贡献。

四、潜心著书，成果卓然

为了给后人研究关公提供资料，关新刚整理编撰了《关公故里》《关公在河东》《武圣关公》《关公全书·关公故事》《易学大师关朗》《圣裔情怀》《关公全书·关圣氏族》等多部著作。他依据清雍正年间流传的资料，花费近三年时间搜集整理关公后裔的相关信息，与中国社会科学院研究员胡小伟先生（作序）合作，编写了新版《关氏族谱》，极具权威性，资料翔实，得到学界专家们的一致认可。在族谱中，他重新解读了人们耳熟能详的一些观点——“关公大意失荆州、关平为义子、关公有勇无谋、关公不姓关”等，对后世了解“关公文化”产生了重要影响。族谱出版后，他又出资加印600本赠送给西古村民。此外，关新刚还在各类报纸杂志上发表多篇文章，包括《西古村关公嫡孙〈关氏族谱〉问世》《解读关公爵名“前将军汉寿亭侯”》《义绝关公》《饱经荣耀与艰辛的关姓氏族》《解读关公爵名“义勇武安王”》《关公读的是〈春秋〉还是〈左传〉？》《解读关公精神中的无私清廉》《信义托举出的社旗山陕会馆》等。这些文章从不同角度诠释了关公文化，引起了广泛关注。

五、积极推进关公文化进机关、进企业、进学校、进社区、进农村

关新刚秉持“研究关公文化，宣传关公精神，推进诚信建设，构建和谐社会”的宗旨，使关公文化走进课堂，走进企业，走进农村，走进千家万户，从而扩大关公文化的影响力。近年来，他先后到运城市政法委、市旅游局、市城投公司、运城学院、龙翔职业技术学校等机关、企业、学校宣讲关公文化。积极推动关公文化产业化发展，如参加偃月坊关帝诞辰1858周年纪念酒发布会、关公酒扬帆起航新闻发布会以及关府壹号开业发布会等。此

外，他还远赴全国各地，从深圳到内蒙古、从江苏到甘肃，宣讲关公文化，极大地扩大了关公文化的影响力。

第三节　振兴乡村教育

教育的重要性不言而喻。党的十九大报告指出，要“优先发展教育事业”“大力加强和全面推进乡村教育振兴工程，为国家乡村振兴战略奠定基础和铺平道路”，要“落实立德树人根本任务，培养德智体美劳全面发展的社会主义建设者和接班人”。但毋庸讳言的是，在经济全球化、信息网络化和城市化迅猛发展的过程中，广大农村地区和农村人口的教育问题没有得到很好地解决。“城乡教育投资和教学质量的差距广泛而持久存在”“失学、辍学、成人文盲和教育中的性别差异在农村地区格外高”“在稀缺的教育资源分配上城市占有极大优势……农村人口的学习需求被严重忽视了。”① 如果说当前应该引起高度关注的是城乡发展不均衡问题，那么，乡村教育缺失显得尤为突出。

在调研中我们震惊地发现，西古村竟然没有一所学校，无论是学龄前教育还是基础教育在这里都是空白。原有的西古小学在2000 年撤校，合并到东古初中。东古初中原本包含有小学部、初中部，至 2019 年撤销小学部，如今仅存初中部。西古村没有幼儿园，儿童一般是到附近几个村镇的幼儿园去接受学龄前教育：

① 蓝建:《论当前农村教育问题的重要性》，载《外国教育研究》，2003 年第 2 期。

东古幼儿园（私立，每年学费 2300 元）、北相镇幼儿园（私立，每年学费 2500 元）、李村幼儿园（公立，名额很少），三个幼儿园每天均有校车负责接送孩子。

西古村学生的中小学教育一般都会选择去向阳学校就读，学校位于运城市盐湖区红旗西街，校车每周接送孩子一次。向阳学校是经山西省、运城市教育行政部门批准，运城市创办最早的一所全日制民办学校（1998 年成立），设小学部、初中部和高中部，2013 年高中部停办。目前全校教职工 118 人，其中专职教师 70 人。办学 20 多年来，向阳学校积极实践“诚信立业，质量兴校”的治校理念，先后荣获全国“创新写作教学研究与实验学校”、全国“青少年科普创新示范学校”、全国“艺术教育特色单位”“全国教育网站系统示范单位”，山西省“优秀民办中学”“教育工作先进单位”“高中教学质量先进校”等奖项。这些荣誉的获得都离不开掌舵人的辛勤付出，他就是向阳学校的董事长兼校长——西古村关公后裔关信革先生。

关信革出生于 1976 年，是关公第 71 代世孙。他的祖父是村里的会计，德高望重；父亲呕心沥血创办了向阳学校，立志振兴教育；母亲是当地小学教师，为人师表，桃李遍天下。在良好家风的熏陶下，关信革为人方正，勇于担当。大学毕业的他先是在运城市审计局工作，后在父亲年事渐高精力不济时，他毅然决然放弃自己坚守八年的工作岗位，接管了父亲一手创办的向阳学校并担任校长。问及原因时，他说，因为教育可以帮助到更多的人。在十多年的教育生涯中，关信革始终牢记父亲的教诲，着力培养“胸怀理想、心怀正义、奋发向上、对社会有作为的人”。他说，“作为一名关公后裔，我深感自豪与骄傲，我将永远按照先祖精神要求自己——行好心、做好人、办好事，并将努力为关公文化的发扬光大做好传承与接力。”关信革身体力行，为社会、为村民做了许多实事、好事。

图 4-3　访谈向阳学校校长关信革

一、减免学杂费用，为学生排忧解难。向阳学校的收费标准一直很低，是一所平民学校，深得当地百姓的好评。西古村的学生更是可以享受优惠政策，自办校至今一直坚持减免学费（据关信革说，这是他父亲定下来的规矩），每学期每个学生可以享受 200 元的优惠，每周有校车免费接送孩子上下学。遇到家庭困难的学生，学校都会给予一定的接济和帮助。这些措施的实施给西古村的学生提供了生活保障，解决了他们的后顾之忧，使他们可以更专注地投入学习中。

二、注重校本课程的开发。每年元旦，向阳学校都要隆重举

图 4-4　向阳学校活动剪影

图 4-5　向阳学校活动剪影

办以关公文化为主题的校园文化节活动。活动中，教师会指导学生将课本上学到的关公文化知识以舞台剧、快板、诗朗诵等形式展现出来，让学生更深入、更立体地认识关公，了解关公文化，使其“忠义、仁勇、诚信”精神能真正内化为学生的文化人格，成为学生的精神底色。经过多年打磨，这种主题活动逐渐规范化，形式更加多样，已经成为向阳学校的文化名片。另外，这些活动也为校本课程的开发奠定了坚实的基础，并助推了关公文化的宣传和推广。

试举一例（以下为向阳学校校园文化节快板《赞关公》）:

说关公，道关公，关公出生在运城。

枣红脸，五绺髯，身长九尺貌威严。

读《春秋》，品行正，精习功夫武艺强。

疾恶如仇除恶霸，为躲官司走他乡。

幸遇刘备和张飞，桃园结义为苍生。

初出茅庐第一功，温酒飞马斩华雄。

三英合力战吕布，虎牢关前呈英勇。

孟德许田僭帝前，关公怒发直冲冠。

下邳被困在土山，为保皇嫂栖曹瞒。

不爱美女和金钱，旧袍盖住新袍穿。

身在曹营心在汉，关公义气薄云天。

诛文丑，斩颜良，白马解围报曹公。

闻说兄长在河北，挂印封金即启程。

过五关，斩六将，千里单骑留美名。

屯新野，练水兵，当阳救兄渡大江。

刘备东吴去劳军，关公神勇吓周郎。

《春秋》大义记心中，华容道上释曹公。

战长沙，遣英雄，关公仁义收黄忠。

鲁肃摆下鸿门宴，单刀赴会若等闲。

关公起兵收襄樊，刮骨疗毒谈笑间。

水淹七军斩庞德，威震华夏美名传。

东吴吕蒙使阴谋，麦城受困性命悬。

玉石可碎不改色，竹虽焚毁节不变。

纵死犹闻侠骨香，忠义千秋美名扬。
三教九流都恭敬，士农工商齐供奉。
朝朝代代加封号，神州处处有关庙。
关公忠义聚华夏，关公精神兴中华！
关公忠义聚华夏，关公精神兴中华！

三、重视关公文化的对外交流与传播。自 2016 年以来，运城市盐湖区每年都会组织中小学生赴上海明德外国语学校参加“古中国 · 新运城”传统文化宣讲团暨沪晋两地少先队员“手拉手”交流活动，关信革也充分利用这一机会，让参加活动的学生通过快板形式宣传“大美运城”以及关公文化，并且赠送关公像作为纪念。

试举一例（以下为向阳学校师生赴上海明德外国语学校学习交流快板表演《古中国 · 新运城》选段）：

舜在蒲坂把都定，大禹治水济苍生。
黄河后浪推前浪，英才辈出兴家邦。
重耳春秋称霸王，张仪纵横促秦强。
过五关、斩六将，忠义仁勇关云长。

关信革之妻薛青霞，出生于 1978 年，现为运城市盐湖区魏风学校副校长，也是一位关公文化的忠实倡导者和践行者，工作中不遗余力推行关公文化进课堂。她结合小学生的认知特点和成长规律，独辟蹊径，宣传关公文化。

图 4-6　访谈关信革妻子薛青霞

一、在传统基础课程中有机融入关公文化相关知识。作为学校分管教学的副校长，薛青霞要求任课教师在为学生讲授基础课程时，对课文内容进行合理有效地拓展延伸，开阔学生视野。例如，为五年级学生讲解《草船借箭》时，她建议老师们从课文入手，给学生补充三国、桃园结义等与关公有关的知识，推荐学生阅读《三国志》，让学生更全面地了解关公。此外，她还将语文课和思想品德课进行跨学科有机整合，让学生以舞台剧形式呈现“关公文化”。这与关信革开发校本课程有异曲同工之妙。薛青霞组织学生将《草船借箭》排练成舞台剧，邀请家长观看，这些活动不仅激发了学生对关公文化的兴趣，而且把“忠义、仁勇、诚信”的种子撒在了学生的心灵深处。

二、积极引进《武圣・关公》主题探究课程。魏风学校语文教师张晓辉和力行中学教师张俊孟合作编写了《武圣・关公》教材，作为主题探究课程配套教材供中小学生使用。薛青霞积极支持并率先在魏风学校试行。魏风学校每周用四节课的时间，组织学生对关公文化进行系统学习，以快板、朗诵、绘画等形式，传播关公故事和关公精神，把关公请进课堂，走近学生，并鼓励学生把关公故事讲给朋友、家人听，取得了良好的教学效果。《武圣·关公》现已作为地方主题探究课程配套教材在全区五、六、七年级中使用，将关公文化系统化地运用到教育教学过程中，填补了盐湖区过去在弘扬关公文化过程中没有课程载体的空白，堪称是盐湖区课堂教学改革的重要成果。

三、注重学生的实践活动。薛青霞还积极推荐学生到关帝庙、常平家庙当解说员，加深对关公文化的印象。自 2016 年至今，魏风学校坚持组织学生开展“研学旅行”活动，每年的 10 月 20 日左右以五年级学生为主体，在解州打造实践基地，传播关公文化。2018 年有 100 多名学生参与，预计 2019 年会组织 300 多名学生参与。

第四节　加强乡村社会整合

相比于“不在场”的乡贤（如关新刚、关信革夫妇），“在场”乡贤与乡村有着更高的融入度，他们也是乡村社会中可以调动更多社会资源的一类人。因为“在乡”，他们才更懂乡民之需，更能遵循当地的道德观念体系来获得村民的认可，进而树立个人权威。他们依靠自己的丰富经验对农村治理发挥作用，从而有效提升了村民参与农村事务的意识。相比于“体制内乡贤”（如关照辉），“体制外乡贤”具有与村“两委”干部不同的性质与身份，“其非官方性与在乡民间的威望使其更具有客观‘第三人’立场。他们既是在基层政府与村落之间起到上下联动的桥梁，也是在村干部与村民之间起到左右联通的纽带”①。他们可以充分发挥非正式制度的优势，通过亲缘、地缘等关系，重新构建乡村社会的关系网络，提高乡村社会关联性，从而达到有机整合乡村社会的目的。在西古村，曾长期担任村党支部书记、西古村关氏宗亲联谊会特别顾问的关德成老先生，以及现任西古村关氏宗亲联谊会会长关攀峰都属于这类乡贤的代表人物。

关德成生于 1950 年，是关公第 68 代世孙。自 1976—2002 年曾长期担任西古村党支部书记，是村里具有一定文化知识和政治见解、个人道德修养好且对村民有相当号召力的贤者。他对西古村的风习教化、乡土文明传承、乡村社会和谐稳定起到了重要作用。

图 4-7　采访村民关德成

① 舒隽：《乡村治理变迁与新乡贤的当代表达》，载《浙江工商大学学报》，2018 年第 5 期。

一、调停民事纠纷、教化乡民

关德成是西古村的资深老书记，由于他德行优良，没有私心，所以村民大都愿意找他来调解民事纠纷。他对村里的每户人家，甚至是每个人的脾气秉性都了如指掌，因而调停民事纠纷便得心应手。2002 年，他觉得自己年事已高，需要给年轻人更多的锻炼机会，便坚决辞掉了村支书职务，仅在西古村关氏宗亲联谊会任特别顾问。数十年来，西古村几乎所有的婚丧嫁娶事宜都由他主持，可以说，这都是缘于村民们对他的信任与爱戴。

二、潜心搜集整理资料，编纂完成《关公故里关氏族谱》

2007 年，现任关公故里关氏宗亲联谊会会长关森柱发起续修家谱一事，他组建成立“关公故里关氏家谱征集编撰委员会”，亲自挂帅出任总编，关德成、关凝淼任主编，历时 4 年，共登记了运城市 13 个县（市、区）91 个支系入谱，并查出 200 个左右家族的迁徙情况。家谱主要内容有：序言、凡例、画像、图片、圣祖生平、历代褒风、资料、各分支序言、谱系、后裔概况、后记等，是“一项复杂的浩瀚的工程”“是关公故里迄今为止规模最大的一次”[①]，关德成为这部书的编写倾注了大量的心血和汗水。此外，他还协助关新刚编纂了《关公故里圣裔庄 · 西古村关氏族

① 关森柱编：《关公故里关氏族谱 · 序言》，运城市古籍印务有限公司（内部图书）2011 年版。

谱》。从搜集原始资料，到对繁杂资料的去伪存真、去粗取精，关德成做了大量的工作。为了确保资料的准确性，他逐一拜访村里年事已高、经验丰富的老人，详细地询问，认真地记笔记，系统地总结。他整理的资料是最具原生态、最富有生命力的，都是关氏后裔祖祖辈辈口耳相传的珍贵资料，为编写《关氏族谱》提供了丰富的素材。

三、为关公锣鼓填词

关公锣鼓是流传于关公故里——盐湖区一带的一种民间打击乐，按关公鼓乐曲牌的节奏节拍击打和声，演奏时鼓、锣、钹齐发，以粗犷豪放而闻名，是当地群众祭祀娱神、婚丧嫁娶、节庆活动的重要文艺形式。西古村在举办“关公文化”活动时也把关公锣鼓作为重点节目表演，遗憾的是，关公锣鼓长期以来只有鼓点没有词。关德成觉得这既加大了传承这一艺术形式的难度，也不利于外来游客的理解。面对这种情况，他搜集资料，字斟句酌，为其填上了词：

上战马，青龙刀，武侯神威美髯飘
慨然出战是关公，侠肝义胆敌阵冲
战鼓声，泣鬼神，报国为万民
战鼓声，惊天地，忠勇和仁义
神威能奋武，云长独出群
勇冠三军显殊荣，艺高胆大斩华雄

战鼓擂，天崩裂，排山倒海敌胆怯
喊声举，地塌陷，鸾铃响出首级见
丹凤眼，卧蚕眉，威震乾坤功绝伦
勇冠三军是英雄，其酒尚温斩华雄

这样就极大丰富了关公锣鼓的文化内涵，为更广泛传播关公文化提供了便利条件，并有效提升了“关公文化”在民间的影响力。

四、撰写关公故事集

关德成将关公的生平经历编写为歌谣的形式并结集成册，主要分为“关羽祖父、关羽出生、关羽拜师、关羽结婚、关羽杀恶霸、父母力劝关羽出逃、父母自尽、关平寻父”几个部分。试举几例：

关羽祖父

羽祖父，名关审，大号石磐；
他生于，汉和帝，永元二年（公元 90 年）；
信道教，通《易经》，熟研《春秋》；
逢乱世，择净土，中条山沟。

关羽出生

宝池里，常平村，忠孝关姓；
单名毅，字道远，正直忠厚；

重道德，承祖父，乡邻口夸；
尽孝心，三年守，耕读传家；
到中年，峻山里，面拜高僧；
怀抱子，竹林寺，取名长生。

关羽拜师

胡先生，是胡人，文武双全；
前几辈，解（州）落户，几百来年；
早丧妻，留一女，端庄秀气；
如今见，少女发，深感爱意；
亲自到，关宅上，收徒商量；
又更名，又改字，“羽”字“云长”。

这些歌谣，更便于记忆和传唱，关公的故事便在西古村一代一代流传下来。

关攀峰生于 1981 年，是关公第 70 代世孙，现任西古村关氏宗亲联谊会会长。近年来关攀峰在西古村的关公文化活动中表现积极，由于年富力强，因而承担了不少事务性的工作。

一、积极配合关公故里关氏宗亲联谊会的各项工作。关公故里关氏宗亲联谊会是关氏后裔举行祭拜活动的民间组织，西古村是其最大的支脉。作为西古村关氏宗亲联谊会会长，关攀峰需要积极配合总会长的安排，认真组织好每年两次大型的祭拜活动，一次是阳历 4 月 5 日清明节，一次是农历六月二十四关公诞辰日。为了让祭祀仪式更加规范，关攀峰多次拜访村里的前辈，查阅各

图 4-9　关攀峰参加祭祀活动

种资料，精心准备祭品、各宗支系指示牌、横幅等物品，带领村民反复演练祭祀流程，一丝不苟。每年清明节祭祀时，关氏宗亲和关氏后裔代表先去安邑关龙逄冢区祭拜始祖，再去关公故居常平家庙祭拜，最后回西古村关朗墓前祭拜。关攀峰积极组织全村父老乡亲和周边关公信众一起参与，制作“福盛堂”“平忠堂”“忠义堂”“四和堂”“博士门”“关公信众”等多个指示牌，祭祀众人依照自己的归属站立指示牌后，由关攀峰带领众人进贡上香，同行三跪九叩大礼。礼毕之后，共同齐声诵读关氏家训“读好书，说好话，行好事，做好人”，同时表演关公锣鼓《温酒斩华雄》，整个过程肃穆庄严，以表达对先祖的哀思和祭奠。仪式最后还有“滚鸡蛋”的习俗，据说可以沾上先人的灵气，福孙荫子。每年的关公诞辰日，关攀峰都要组织大型的巡游活动，由于活动特别消耗体力，所以参加人员以36岁左右的年轻人为主，他们统一着古装，手扶关帝圣像绕全村巡游，很是壮观，吸引了大量村民参与。当天，村里还会唱大戏、办庙会，舞蹈队也会表演精彩纷呈的节目，如《走进新时代》《好汉歌》《八月桂花香》《十送红军》等，人头攒动，香火旺盛，热闹非凡。

二、热情服务海内外前来认祖归宗的关公信众。由于西古村是天下关姓的重要迁出之地，所以每年都会有众多来自海内外各地的关氏后裔携带本族家谱前来寻根问祖，如马来西亚、新加坡、广东南海、山西襄汾、甘肃庆阳、山东滨州、河南渑池等，关攀峰都热情接待，为他们认真讲解村里各个碑文的来历、含义，并颁发由世界关氏宗亲联谊总会印制的荣誉证书。2014年8月，世界关氏宗亲联谊会第十一届大会在运城举行。关攀峰参与接待了来自五湖四海的关氏后裔，有许多后裔通过迁徙图找到了西古村这一血脉之根，他们感叹“天下关姓一家亲，运城是咱共同的根”！这些活动有效拉近了关氏后裔间的心理距离，让他们瞬间产生归属感，增强了他们对关公文化的认同，也极大提升了运城作为关公故里的影响力。

三、创建小型博物馆。为了让关公文化遗产和相关资料得到更好地保护，关攀峰还牵头在村里创建了一个小型博物馆。由于关氏宗亲联谊会是民间组织，缺乏足够资金，因而筹建工作曾一度搁浅。但强烈的责任感和使命感还是促使关攀峰迎难而上，多方筹措，最后在村委会的大力支持下，终于建成了一个小型博物馆。馆内展出一些比较重要的文献资料，历代皇帝赐予的牌匾，以及关氏后裔迁徙图等，很好地保护了村里现有的文物。

此外，关攀峰还利用自己在运城市区办学生辅导部的便利条件，给学生宣讲、普及关公文化知识。他将关德成以歌谣形式撰写的关公故事讲给孩子们听，让孩子们全面了解关公生平，感受关公文化的魅力，让关公精神化作一粒种子，在孩子们心中生根发芽，生生不息。

第五节　其他

在西古村，还有这样一些人，他们也许并非关公后裔，更算不上是新乡贤，但能坚持几十年如一日，心甘情愿默默付出，为关公文化的传承尽自己的一分力量。比如 80 岁高龄的景巧娃、81 岁的解金川就是这方面的典型代表。1997 年，西古村村民自发集资修建了关帝阁，此后，关帝阁便成为西古村的标志性建筑，也是每年几次大型祭拜活动的主要场所。景巧娃、解金川两位老人自愿担任关帝阁的义务守庙人，风雨无阻，不计回报，成为赤诚和坚守的化身。据村民讲，景巧娃的三儿子周临跃在北京经商，解金川的儿子关和平在云南经营鲜花饼，都是村里有名的成功人士。景巧娃经常开玩笑说，“这都是关老爷在保佑咱娃”，她也愿意一辈子守护关老爷作为回报。

综上所述，新乡贤因其在村落中特有的人缘、地缘、亲缘优势，可以在新时代乡村振兴中发挥独特作用。他们利用自己广泛的社会关系、人脉资源，有效弥补了乡村的先天不足。他们在基层政府与村落之间，在村干部与村民之间起到了良好的润滑沟通作用，加强了村落内外部之间的关联。他们利用自己在乡村的个人威望和村民中的“话语权”，起到了调和纠纷、教化乡民、涵养乡村文明、重构乡村伦理规范与道德价值体系的作用。他们是乡村治理中最宝贵的内生性资源，有利于凝聚人心人力、增强乡

图 4-8 采访景巧娃老人

村治理力量，最终推进协同共治。西古村特殊的历史渊源及其在关公后裔中的独特地位，已获得乡民发自内心的认同、拥护、遵循并内化为自觉。相信西古村民在新乡贤的引领下，一定能担当起传播与弘扬关公文化的历史重任，以“传承关公精神，推进诚信建设，构建和谐社会”为宗旨，助推西古村乡村振兴战略的实施。

第五章 “关公文化”视域下西古村公共空间的建构

乡村公共空间建设在中国社会主义新农村文化重建中占有相当重要的地位。一方面，随着城乡交流的加剧，乡村群众的文化视野日益拓宽，现代传媒的广泛普及，打破了相对封闭的传统文化空间，使得乡村公共文化空间建设异常复杂。另一方面，从文化需求上来看，以往那种过于简单的、单向文化输入形式已经不能适应当下多变的乡村文化需求。为此，我们团队成员针对西古村公共空间的现状、关公文化在西古村公共空间建设中的作用等问题进行了调查，在了解其现状的基础上，认识其成就及不足，从而提出切实可行的改进措施。

第一节 西古村公共空间的现状

一、公共空间的内涵

“公共空间”一词最早源于西方社会学领域，是从哈贝马斯对“公共领域”的阐述中衍生而来。所谓的公共空间，可以分为两个方面。一是公共，指的是社会公民聚集起来表达公众意见的集体行为，这些活动既包括日常休闲的活动，也包括表达集体政治观点的行为。二是空间，即公共行为发生的处所。按照哈贝马斯的理解，公共空间指“政治权力之外，作为民主政治基本条件的公民自由讨论公共事务、参与政治的活动空间”。空间的社会学意义主要通过主体的人的活动来加以体现，“空间从根本上讲只不过是心灵的一种活动 ，只不过是人类把本身不结合在一起的各种感官意向结合为一些统一的观点的方式。”① 哈贝马斯这么定义“公共空间”：“资产阶级公共领域是一种特殊的历史形态，它尽管与其在意大利文艺复兴时期城市中的前身具有某些相似之处，但它最先是在 17、18 世纪的英格兰和法国出现的，随后与现代民族国家一起传遍 19 世纪的欧洲和美国。其最突出的特征，是在阅读日报或周刊、月刊评论的私人当中，形成一个松散但开放和弹性的交往网络。通过私人社团和常常是学术协会、阅读小组、共济会、宗教社团这种机构的核心，他们自发聚集在一起。剧院、博物馆、音乐厅，以及咖啡馆、茶室、沙龙等对娱乐和对话提供了一种公共空间。这些早期的公共逐渐沿着社会的维度延伸，并且在话题方面也越来越广泛：聚焦点由艺术和文学转到了政治。”②

哈贝马斯所谓的公共领域，意指在国家与社会之间，存在着公共空间。市民们可以在此空间中自由发表言论，国家没有理由进行干涉。以后，学者们对“公共空间”这方面的研究就更具有

① ［德］格奥尔格·齐美尔：《社会是如何可能的》，广西师范大学出版社 2002 年版，第 292 页。

② ［德］哈贝马斯：《关于公共问题的答问》，载《社会学研究》，1999 年第 14 期。

倾向性和针对性。公共空间的研究最早被学术界应用在建筑学和社会学上，随着社会发展问题的不断涌现，对公共空间的研究范围也更加广泛，从简单满足人类需要到把社会需要与美学相结合再到将人类、美学、文化三者的统一结合应用到公共空间的开发利用上，体现着人类社会的不断完善和进步。

现如今从城市公共空间研究走向乡镇公共空间研究是一个热点，更是一个趋势。十九大报告中强调公共空间治理是社会治理格局中的重要内容，乡村公共空间治理是增加村集体经济收入和乡村振兴战略的必然要求，习近平总书记在两会中同样表明了现代农村建设的重要性。可见，对于乡村建设，尤其是公共空间的设计和构建是顺应社会发展方向的。这也是本书研究的要点。

公共空间是依赖群众聚集的活动场所，聚集是人类的天性，聚集到一定规模，就会形成公共空间、产生公共活动。传统的村镇公共空间很简单，或许就是住宅门前的一块空地或村口的打谷场，只是大家习惯来这里见面，也说不上有明确的功能，有些功能明晰起来，成为某类专门的广场，大多还是功能复合混杂的活动场地。以后，随着人们由"生存"向"生活"的变迁，越来越多的公共空间显得尤为重要，因此对空间的营造要求也就更高。

二、西古村公共空间的特点

西古村的公共空间有三个层次，从器物到主体到信仰，我们可以看到立体、多维的空间展示。

（一）潜力无限的文化地标：作为器物的公共空间

作为器物的公共空间是指最基础的作为人类活动载体的公共空间，比如广场、图书馆、酒吧、庙会等。对于西古村而言，由关公文化为中心而形成的器物公共空间有三类：第一，作为遗址的公共空间，比如关朗墓、翰林院五经博士碑、关姓定例碑、结义庙、关氏祠堂等。第二，作为祭祀的公共空间，比如关帝阁。第三，作为文化传承的公共空间，比如关氏家塾、图书馆、学校等。作为衍生功能的公共空间，比如广场、公园、关公文化长廊等。

尽管已经形成了比较丰富的器物公共空间，但是仍然有需要夯实的空间，比如结义庙、关氏祠堂、关氏家塾还是一张张蓝图，都必须重建。西古村小学已经废弃，学生不得不去外地求学。西古村还没有建起关公文化公园等。因此，西古村的器物公共空间建设任重而道远。

图 5-1　西古村农家书屋

（二）丰富多彩的文艺演出：作为主体的公共空间

公共空间不单是个物理概念，更重要的是指向活动在空间中的主体。从某种意义上讲，只有人类活动的空间才有可能构成公共空间。对于西古村的人民而言，丰富多彩的文艺表演是关公文化在公共空间影响的表征。民众自主组织有关关公文化的日常文化娱乐活动，他们载歌载舞、敲锣打鼓，日常生活艺术化了。关公锣鼓、“关公舞大刀”的武术表演、扇子舞等文艺演出极大地丰富了西古村人民的日常生活。

（三）关公祭祀：作为民间信仰的公共空间

民俗是特定社会文化区域内为了满足群体的需要，由民众产生、传承，并最终规范民众行为的一种文化，这种民间风俗以独特的存在成为公共空间的形成要素。关公文化在西古村得以传承、发展，西古村已经形成了相对固定的民间习俗。比如，西古村形成一年四季祭祀关公的习俗，分别为春祭、夏祭、秋祭和冬祭。春祭为清明祭；夏祭为农历六月二十四；秋祭为农历九月十三；冬祭为岁末除夕。祭祀关公是西古村民共同塑造“集体记忆”的活动，通过关公信仰的文化纽带，形成一个文化共同体。这样关公祭祀就形成了关氏后裔的身份认同与关公信仰的文化认同的高潮。“西古村的祭祀活动贯穿了一年中的重要节令，深刻地浸染着村民的日常生活，村民不仅在祭祀活动中感受到鲜明的季节归属感，而且在祭祀活动所形成的神圣空间中，追思圣祖，传承信仰，将敬礼重德，忠义仁勇的精神有力地转化为了该地域生生不息的精神血脉。"[①] 祭祀是关公文化在公共空间得以彰显的高潮，民众在祭祀过程中全身心投入，仪式的神圣性、庄严性成为促进民众身份认同的纽带，就在那一时刻，他们有一种大家都是一家人，都是关氏子孙的心理认同。

三、西古村公共空间存在的问题

（一）地理公共空间的开发乏善可陈

虽然西古村拥有相当丰富的地理公共空间可资开发，但是，很多措施只是流于想象层面，具体到实际开发层面，仍然有很多工作需要完成。比如关氏五堂、五经博士门尚在规划之中，村东结义亭旧址还没有实现开发，关氏家塾的修建也仅仅是一个设想。就目前已经建成的公共文化空间而言，很多地方尚缺乏保护，关朗墓缺乏进一步修缮，文化专栏上的泥土灰尘并没有被清理，关帝阁下的碑刻和西古村的村门已经出现腐蚀的痕迹。

（二）文艺演出后继乏力

尽管每年西古村都有当地组织的文艺演出，在关公祭祀的重大活动中，很多文艺团体纷纷亮相，但这也掩盖不住西古村文艺演出后继乏力的事实。关公锣鼓是西古村一张文化名片，在方圆十里可谓赫赫有名。但是，随着老艺人年事已高，有的陆续离世，关公锣鼓面临着青黄不接的困境。而年轻人为生计所迫，很多人

① 杨丽：《论西古村关公信仰的当代传承》，载《运城学院学报》，2018年第5期。

外出打工，即便留守青年也因为锣鼓队赚钱少或者观念落伍而不愿意继承衣钵。我们团队成员发现竟然有近乎一半的青年人对关公锣鼓不感兴趣，对于关公文艺演出，35% 的人都不感兴趣，近乎一半的人只是喜欢凑热闹。而对于歌舞演出，当地村民也只能勉强维持，更遑论艺术之进一步精进。

（三）"关公文化"在日常生活空间中影响式微

每年四次的关公祭祀确实扩大了西古村在"关公文化"传播方面的知名度，也促进了西古村公共空间的生成。但是，不可否认的是，这种节日性的公共空间是一种断断续续的生成状态，"表演"的痕迹较为严重。换句话说，在当地居民的日常生活空间中，"关公文化"的影响到底有多大，调查的结果并不乐观。我们随机采访了 20 位当地青年（年龄 20 ~ 40 岁）村民，发现 30% 的青年人对西古村的关公故事一点也不感兴趣；35% 的青年对关公文艺演出丝毫不感兴趣。这充分说明，"关公文化"在西古村的火热是一种表象，真正走入年轻人的日常生活，还需要一段很长的路。

第二节 "关公文化"：西古村公共空间建构的精神内核

"关公文化"是西古村公共空间塑形之灵魂，有着深厚的历史渊源和鲜明的地域文化特色。从历史上讲，关羽后裔关朗隐居并终老于西古村，子孙后代在此绵延不绝。西古村是关公后裔血脉传承的根之所在，也成为海内外关氏后裔认祖归宗之地。文化传承必须有基点，而“关公文化”在关公故里运城的传承有三个基点：解州关帝庙、常平关公家庙、西古村关朗墓，前两者承载着后世对关公的祭祀，因此而名扬天下。而关朗墓因为仅是关公后裔的墓地，因而名气相对较弱。但是，从关氏后裔在河东大地的血亲传播的功能上讲，关朗墓又有着迥然不同于前两者的作用。解州关帝庙和常平关公家庙是关公文化的历史承载之地，是关公精神的文化图腾，因此，更具有象征性和符号性。而关朗墓则是关氏子孙在历史传承中的一个纽带，在关公血亲绵延中具有不可替代的作用。这样，作为关朗的出生和葬身之地，西古村在关公文化传承和传播中的作用就凸显出来了。如果将解州关帝庙和常平关公家庙当作关公文化的门面，那么西古村则是关公文化的后花园。

党的十八大提出，要大力加强社会主义核心价值体系建设，“倡导富强、民主、文明、和谐，倡导自由、平等、公正、法治，倡导爱国、敬业、诚信、友善，积极培育和践行社会主义核心价值观。”而“对国以忠、待人以义、处世以仁、作战以勇”的关公文化也与社会主义核心价值观有着内在的一致性。以关公文化为核心，全方位打造西古村的公共空间，必然为社会主义新农村精神文明建设提供一种新的范式。具体而言，表现在以下几个方面：

一、提供社区精神支柱，激发公共空间活力

“关公文化”可以为西古村的发展提供精神支柱，进一步激

发公共空间的活力。乡村社区的发展需要凝聚力、号召力、向心力，从而让民众形成一个有机的整体。"关公文化"有助于形成淳朴的民风，祭祖时大家会一起重温祖训，再次感受关公忠义仁勇的人格魅力，使得关公文化走进每一个西古村村民的内心。"关公文化"还可以通过节目的汇演得以传承，村干部组织村民参与编排歌舞、关公锣鼓及其他文艺节目，寓教于乐，从而形成充满活力的公共空间。对"关公文化"最为隆重的展示无疑是关公文化节了，每年阳历 9 月 22—23 日，海内外关公信众都会赶赴运城祭拜关公，并在西古村举行规模浩大的文化盛宴。关公祭祀、关公节目汇演、地方特产展览等活动形成了西古村规模最大的公共空间。

二、凝聚公众思想，实现共同治理

建立对当地文化的认同感在公共空间营造中占有重要的位置。广阔的空间价值，满足了人们日常生活生产需要，是人们情感交流、文化活动的场所。"关公文化"可以凝聚公众思想，让社区更加团结。团结是形象的一种呈现形式，公众由信仰而导致团结产生结构性力量，英国社会学家帕森斯认为公民们彼此自由自愿联合而成"社会共同体"，这种新型团结秩序不仅取代了亲属关系，还以一种新层次上的团结呈现它特定的功能，并与社会秩序的构成存在特定的关系模式[①]。团结是由沟通创造出来的，个

① ［英］J.C. 亚历山大：《国家与市民社会》，邓正来编，中央编译出版社 2002 年版，第 289 页。

人意志通过沟通达成一致，共同治理就会有力量，这种共同体为达成某一目的自觉约束行为或用体系规范个人行为。

关公文化有利于西古村实现社区的共同治理。关公文化能够提供凝聚力和向心力，增强人们对乡情、乡音、乡土的重视，从而促进西古村的建设。① 民间文化可以促进乡村建设，比如浙江省温州市宁村一直流传着独特的汤和信俗。明代汤和曾在此抵御倭寇，死后被追封为东瓯王。嘉靖七年（1528 年），该村建成“东瓯襄武王汤公庙”。嘉靖四十年（1561 年），当地人们为了悼念死于倭寇的同胞，于中元节举行抬神像巡城仪式，汤和信俗由此形成。2008 年，汤和信俗入选国家非物质文化遗产项目。汤和信俗促进了当地的基层治理，在汤和信俗的影响下，宁村村民和谐相处、淳厚热情，团结友爱。② 汤和信俗在宁村乡村治理中的成功经验给了我们很大的启示。“关公文化”同样可以促进基层治理。“关公文化”强大的号召力让西古村村民按照“四好”的标准约束自己，讲诚信，与人为善，从而形成淳朴、尚义的乡风、民风。另外，村民之间也可以互相监督、共同促进，从而形成良好的乡村共同体。在关公文化的影响下，关氏后裔人才辈出，关新刚发起成立“关公故里关氏宗亲联谊会”，关信革创办向阳学校，关攀峰积极组织关公祭拜活动，他们都为西古村公共空间的治理作出了很大贡献。

---

① 宋洁：《现代性背景下关公信仰的意义与价值》，载《运城学院学报》，2016 年第 2 期。

② 余炳连：《“汤和信俗”传统文化谋新发展》，载《温州商报》，2012 年 9 月 2 日。

三、构建新的公共空间，传播善行义举

明清时期，村里每逢春秋两季都会举行隆重的关公祭祀活动，届时主祭人带着各门宗长，先去安邑关龙逄墓地和常平关公家庙祭拜，然后前往关朗墓地、关家祠堂祭拜列祖列宗。20世纪以来，政治运动风起云涌，宗法制度遭到彻底废除，西古村的关公祭祀随之中断。为了继承家风家俗，西古村于1997年在村中央建造了关帝阁，建构了新的公共空间。关帝阁不仅是西古村的标志性建筑，也成为关氏后裔的祭拜之地。从此恢复了中断一百多年的关公祭祀风俗，而且祭祀规模、频率远超以往。以前只是关氏后裔中有名望的人才有资格祭拜，现今海内外的关氏子孙都可以来参加；以前每年只是春秋两次祭祀，现今已经发展到每年春、夏、秋、冬四次祭典。祭祀加强了海内外关氏是一家的身份认同，也让西古村名扬海内外。2005年4月，世界关氏宗亲联谊总会执行会长关健中带领总会人员来到西古村祭祀先祖，拜见圣裔，并把关朗墓地纳入了世界关氏宗亲联谊总会会册。以祭祀为中心还可以扩展为西古村的关公文化节，文化搭台，经济唱戏。农民可以将土特产在文化节上展览，售卖，从而促进当地经济的发展。

关公“四好”遗训中有“行好事，做好人”，在西古村，关氏后裔们秉承祖训，有不少善行义举在传承。由于该村外出打工者居多，留守老人、儿童、妇女成了居住主体。村委会每年出资2万元，专门为年长者设立了老人自助食堂（见图5-2）。70岁以上老人每月只需交100元的伙食费，就可以解决基本的温饱问题。村里婆

媳关系融洽，村委会大门前设有宣传栏表彰孝敬公婆的好媳妇。

图 5-2 西古村老人自助食堂

图 5-3 团队成员采访村民

图 5-4 团队成员采访村民

第三节 西古村公共空间的治理策略

农村公共空间的孕育、形成、发展构成了农村社会现代化的基础，为农村建设发展、村民自治、基层民主等提供了充分的社会空间。关公文化视域下的创新治理可以释放空间活力，丰富群众生活。根据西古村公共空间的现状调查，对西古村公共空间的建构提出以下几点规划策略：

一、打造“关公文化”核心标志

（一）开发关朗墓

关朗墓可以说是西古村的标志性建筑。开发关朗墓，不仅仅是对于关朗的最好纪念，更是弘扬“关公文化”，拓展西古村公共空间的重要举措。西古村以关朗的占卜理论为基础，以“关朗文化”影响力为发展核心，以关朗墓为载体，发展特色文化旅游，打造以“关公文化”为主的文化旅游带。关朗墓开发规划具有长远性、可操作性。对关朗墓场地环境及中轴线道路进行修缮 整理，做适当硬化，种植圆柏等行道树，强化中轴线，营造简洁肃穆的墓区氛围。

关朗墓地砌围墙，保护好九亩三分地，同时应该利用闲置地修建停车场，以便外来游客出行。关朗墓地可以以关家祠堂为主，祠堂是一个族姓的标志，祠堂有传达法律法令、制定乡规民约、决定村中动向工程方向的功能，可以设置两个关家祠堂，一个展示关家列祖列宗，一个展示圣祖遗训。关朗墓开发以后，有利于形成新的“关公文化”纽带，让西古村附近关氏后裔回乡祭祖的夙愿得以实现，同时，建立起以旅游、文化、教育为中心的西古村公共空间。

（二）修缮关帝阁

关帝阁是西古村地标性建筑，位于村委会门前。1997 年建成后，西古村恢复了曾经中断 100 多年的关公诞辰庙会活动，关帝阁成为当地居民祭拜关公的重要场所。每个月的初一、十五都会有村民、信众去烧香祭拜，村里结婚的新人也须在关帝阁前驻足敬拜，小孩子过满月要系红绳，以求得关老爷的保佑。尤其是在关公的盛大节日，诸如每年农历六月二十四的关公诞辰、公历 9 月 22 日的关公文化节，西古村都有唱戏、跳舞、锣鼓队活动展示，当地村民自发带来寿糕、花馍、水果、香烛等，祭拜关公。近年来，海外信众也越来越多，如新加坡、马来西亚、越南等地都有关氏后裔前来认祖归宗，续家谱。正是民众深信不疑的信仰活动使关公文化得以延续和发扬。但随着时间推移，日晒雨淋，关帝阁已日渐破旧。开发公共空间，应当将香火钱和集资善款用于修缮关帝阁。

（三）建设关氏家塾

建设关氏家塾，作为世界各地关氏后裔认祖归宗的载体及村幼儿进行关氏文化教育的场所，通过各种文化礼仪活动的设置与举办，如满月礼、成人礼、升学礼、宗族祭祀等，从小强化关氏后裔的集体宗族意识，使亲情血脉及关氏文化有了实质载体，以利于提升“关公文化”的影响力。在此基础上，形成村级文化精神与集体自豪感，全面提升村集体治理与协同能力。

（四）打造关公文化长廊

西古村已经在关帝阁周围的空地上建造了关公文化长廊，并配有图文并茂的墙报，宣传关公英勇事迹。今后，西古村应当进一步完善关公文化长廊（图 5-5），在关帝阁西边塑一尊关公像，围绕长廊建造绿化带、多设立座椅，从而形成真正意义上的文化广场。村民们不仅可以在这里开展文化活动，也可以把这里当作休闲、散步的场所。

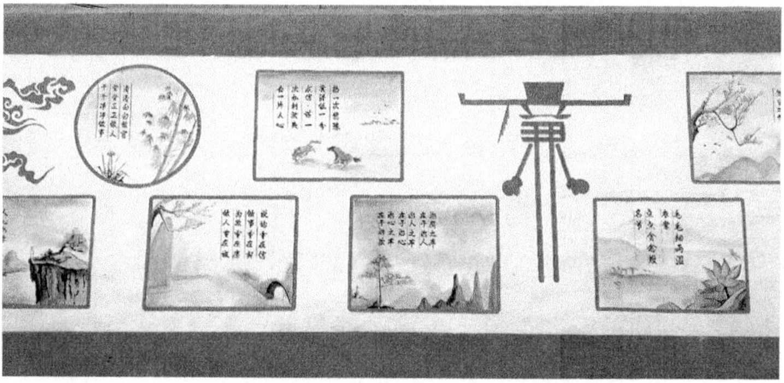

图 5-5　西古村关公文化长廊

二、丰富乡村文化娱乐活动

西古村有着各色各样的乡村文化娱乐活动，关公锣鼓、关公歌舞等文艺演出使得当地民众日常活动公共空间更加丰富。但是，另一方面，西古村又面临着演出人才青黄不接的难题。

因此，西古村公共空间的打造一定要调动民众的积极性，让他们尽可能地参与到文艺演出当中。

（一）力争将现有的文艺表演节目打造为精品。首先，要着力打造一支技艺精湛、气势雄浑的西古村关公锣鼓队。西古村关公锣鼓有着悠久的历史，雍正七年（1729 年），解州官府赠送西古村关氏圣裔锣鼓队大鼓一面。大鼓一直悬挂在西古村的路台柱角上，“四清”运动中，路台拆毁，大鼓被放置于村委会保存至今。在清代，全国各地祭祀关公蔚然成风，西古村的祭祀锣鼓曲牌很快在晋南地区流行，因此，西古村的锣鼓表演一直是关公祭祀大典的一个压轴项目。西古村应当认识到关公锣鼓对于“关公文化”传承的重要性，着力打造关公锣鼓的文化品牌。村委会应当鼓励年轻人学习关公锣鼓，在政策上要加以扶持，经济上予以帮助。积极申报关公锣鼓参加山西省非物质文化遗产评选活动，增加其在全市乃至全省的知名度。其次，要夯实西古村歌舞队的现有基础，积极扩大演出队伍、演出规模。西古村歌舞队已经初具规模，可以演出《走进新时代》《好汉歌》《桃园三结义》《八月桂花香》等节目，但是存在两个问题：一是节目相对贫乏。二是节目与“关公文化”联系不大。歌舞队应当多加排练与关公相关的节目，形成自己的文化品牌。比如以“关公与貂蝉”为题设计歌舞，利用民间传说可以增加歌舞的传奇色彩。也可以将关公武术文化与歌舞表演结合起来，形成独具特色的武术歌舞，比如关公耍大刀也是当地久负盛名的武术表演，可以融入歌舞表演之中。歌唱方面，要多选用与关公有关的影视歌曲，比如电视剧《三国演义》中的《滚滚长江东逝水》《这一拜》等脍炙人口的歌曲，都应该成为歌舞表演的保留曲目。

（二）要全方位、多角度打造西古村文艺演出平台。我们正处于自媒体时代，相对于传统媒体如报刊、电视、广播等，自媒体具有传播速度快、进入门槛低、交互性比较强、个性化比较突出等特点。微信、微博、抖音视频等自媒体形式风靡全球，极大地促进了信息的快速传播。正是在这个意义上讲，自媒体真正让地球成了一个“村”。西古村拥有特色鲜明的“关公文化”文艺演出团队，却缺乏与时俱进的演出传播平台，极大地限制了文化演出的影响渠道。因此，应构建西古村自媒体网络平台，通过网络直播、微信朋友圈、微博等方式传播高质量的文艺节目。首先，要建立西古村文艺演出微信公众号，开启全新的朋友圈影响模式，利用熟人网络，将西古村文艺演出名片传播出去。其次，要建立微信直播视频，培养演出网红，将关公文艺演出视频通过网络直播的方式传播，吸引众多粉丝围观。

西古村的文艺娱乐活动对于构建西古村的日常生活公共空间起着极为重要的作用，因此我们需要打造一支独具特色的关公文化文艺演出团队，提高文艺演出的质量，丰富民众的精神生活。我们还要将文艺演出网络化，仅靠传统的媒介已经难以满足西古村文化宣传的需要，电视、报纸等媒介起点高、费用高，而自媒体平台的搭建可以快速、高效地完成信息传播。两方面结合起来，西古村的文化演艺事业一定会更上一层楼。

三、建立“关公文化”经济园区，建设美好家园

西古村青年人对于关公文化的认同感并不是很强。虽然在一年四次的关公祭祀中，可以感受到热闹而不乏庄严的“关公气场”，但是，这种气场如同空中的云彩，容易成形，也极易飘散。问题在于如何让“关公文化”成为一种常态在西古村民的日常生活空间生成、散发，而成为如空气一般虽然感受不到却离不开的存在呢？

重建西古村的日常生活空间，并不是一件很容易的事。村里青年村民的人口流失就是一个很大的问题。调查数据显示，西古村超过一多半的村民在外务工，只有 24% 村民居家务农，8% 务农兼打工，8% 居住于附近城市。从中可以看出，大部分村民平时根本不在村里居住，村里留守儿童、老人居多。西古村打工者多以在北京、西安等大城市“打饼子”为业，且不少以此而发家致富。共同的文化传承来自相同的共同体，只有长期居住在一起的人才有共同的身份和文化认同。在外打工者长期离家，必然和故土之间的身份认同疏远，更不用说文化认同了。因此，让大量外出打工者安心在家乡生活，才是建立西古村村民日常生活空间的前提。

这就需要建立关公文化经济园区，让文化认同与经济建设结合起来。只有当广大村民觉得依靠“关公文化”产业可以发家致富时，“关公文化”才有可能成为西古村村民日常生活不可缺少的部分。首先，打造以关朗墓—关帝阁—关氏私塾—关公文化长廊为线路的关公文化产业园，从而形成西古村独有的文化品牌。

其次，建立关公文化博物馆，搜集、展览当地有关关公的文物、艺术品等。最后，形成以“关公文化”命名的经济品牌，比如“关圣酥梨”“关公酥饼”等。

建立“关公文化”经济园区，可以提供更多的工作岗位，从而拓宽就业渠道，解决西古村青年人才的流失问题。当西古村村民可以安心在家工作，依靠“关公文化”品牌发家致富时，“关公文化”才算真正走进了西古村民的日常生活空间。

结语

西古村有着悠久、深厚的“关公文化”资源，这是村庄发展的最大优势所在。因此，以复兴“关公文化”为己任，打造西古村公共文化空间，就是西古村面临的一项重要任务。乡村公共空间的独特价值可以为乡村产业提供根本保障，为乡风文明提供空间载体，激发乡村发展活力，最终为乡村振兴提供精神动力。西古村一定要以乡村振兴战略为契机，全力推动村庄发展再上新台阶。

第六章 “关公文化”在乡村治理体系中的独特价值

第一节 西古村村级组织机构概况

改革开放之后，我国农村的乡政村治体制发生了较大变化。“乡政”是主导性的力量，“村治”是基础。村治结构即村级组织一般分为正式组织、非正式组织和非法组织。“正式组织是指按照法律规定成立并履行一定功能的组织，它有着鲜明的组织程序、目标、规则。在目前的乡村社会正式组织主要包括村党支部、村民委员会、村民兵营（连）、村妇联、村共青团及村民小组。”“非正式组织是指法律上没有明确规定，也没有明文禁止，但在实践中得到民众认可和拥护的组织，主要包括以修族谱、祭祀祖先和参加带有宗族色彩的节庆娱乐活动为目的宗族组织和村民实现经济合作、自我管理和自我娱乐的组织，如红白理事会、老年人协会、农民专业协会、文化团体等。”① 非法组织是指法律明文禁止的组织，在农村其主要表现为宗教组织和非法宗教组织。②

在村级组织中，村党支部是村级权力组织的核心。“村党支

① 于建嵘：《岳村政治：转型期中国乡村政治结构的变迁》，商务印书馆 2001 年版，第 349 页。

② 同上书，第 350 页。

部作为党的基层组织，是党在社会基层组织中的战斗堡垒，是党的全部工作和战斗力的基础。因此，按照目前中国的政治传统，村党支部要对村庄实行政治、思想和组织领导，实际上成了村庄公共权力的核心，对村庄事务具有决定性的权力。”[①]“村党支部在村级正式组织中处于领导核心地位，实行的是一元化领导并表现出一体化运作特征。”[②]而“在村党支部的组成成员中，村支书是具有绝对权威的角色。”[③]

曾有学者将世纪末以来我国农村的权威模式进行了归类，大体为：（1）以公共权力为基础的权威占压倒优势，以血缘关系为基础的权威基本上不发生作用，这在政治发展较快、经济生活较为繁荣、文化代谢明显的村落共同体中较为明显；（2）以公共权力为基础的权威和以血缘关系为基础的权威呈胶着状态，各有自己的活动领域和范围，处在历史变革的中介点上；（3）以血缘关系为基础的权威呈强势，以公共权力为基础的权威呈弱势。[④]按照以上归类，西古村应该介于第二类与第三类之间。一方面，由于关姓氏族人数众多，且核心领导为关氏后裔，因而关姓一族拥有更多话语权和领导权；但另一方面，西古村的党支部与关氏宗亲联谊会又基本上互不干涉。

目前西古村的正式组织主要有村党支部、村民委员会、村民

---

① 于建嵘：《岳村政治：转型期中国乡村政治结构的变迁》，商务印书馆2001年版，第350页。

② 于建嵘：《岳村政治：转型期中国乡村政治结构的变迁》，商务印书馆2001年版，第352页。

③ 同上。

④ 王沪宁：《当代中国村落家族文化——对中国现代化的一项探索》，上海人民出版社1991年版，第161—162页。

兵营（连）、村妇联几个机构。关照辉（关公第69代世孙）现任西古村党支部书记兼村主任，可谓是党政一把手。自2003年担任村委会主任至今，关照辉主管西古村建设发展工作已长达16年，毫无疑问是村里的核心人物。村党支部由5位成员组成，其中书记1人，副书记2人，委员2人。村里原有党员37名，近年来已有3位去世，现有党员34名。村妇联由2人组成，主要分管村计划生育工作。妇联主任也是村委会成员之一，由景希芳担任。村民兵营（连）的建制早已取消，西古村村委会目前没有设置该机构。据村原党支部书记关德成讲，改革开放前，村庄称为大队，当时设有民兵连，成员主要由三部分人组成：复员干部、思想政治觉悟高的年轻人、年龄偏大的老人，总计30人。民兵连配发“65”式手枪和子弹。改革开放后，枪支回收，该组织也正式取消。

西古村的非正式组织主要有关氏宗亲联谊会、红白理事会，二者之间分工明确。红白理事会原本属于村里自发的民间组织，2019年定为官方组织，主要对村里大小事务起监督作用，比如村民在办婚丧嫁娶事宜时是否有超标违纪行为，烟、酒、餐费等是否符合规定的标准。理事会会长（由郭银珠担任）每年有2500元的报酬。关氏宗亲联谊会（会长由关攀峰担任）负责操办村里一应各项事务（祭祀活动、各家红白喜事），接受红白理事会的监督。据关德成老书记讲，宗亲会操办任何事务都会本着节俭的总原则，多年来从未超标过。当然，具体到各家的事务也会稍有区别，维持适度的弹性。

村里不存在任何非法组织。与相邻几个村落比较，西古村可以说是民风淳朴、村风向善，连续 17 年实现“五无（无访、无案、无公共安全事故、无毒、无邪教）”目标。乡村建设、村容村貌也有很大改观。

从理论上讲，关照辉在西古村具有绝对权威，可以决策一应大小事务。但通过与关书记的多次沟通与交谈，发现事实并非如此。西古村的乡村治理中还是存在不少问题。

第二节 西古村乡村治理中存在的主要问题

一、“人口空心化”现象比较严重

20 世纪 90 年代以来，伴随着我国的快速城镇化，引发了大量农村人口涌向城市，农村出现“空心化”现象。① 相关数据显示，“改革开放 40 年来，城市人口从不足 1.7 亿人发展到 2017 年的 8.1 亿多人，增加了 6 亿多，部分村庄正处于湮灭的边缘。据统计，我国自然村落在 2000 年时共有 360 万个，2010 年锐减至 270 万个，到 2015 年仅剩下 260 万个，其中前 10 年消失了 90 万个，后 5 年数量下降了 10 万个。”②

乡村的“空心化”带来的问题很多，诸如劳动力大量流入城镇，耕地大面积撂荒，村落日渐衰败等。尤其是自然条件较差、

① 崔卫国：《中国重点农区农村空心化的特征、机制与调控》，载《资源科学》，2011 年第 11 期。

② 李元勋、李魁铭：《德治视角下健全新时代乡村治理体系的思考》，载《新疆师范大学学报》（哲学社会版），2019 年第 2 期。

生存环境恶劣、位置偏远的村庄，几乎完全被废弃。一般来说，村落的空心化会导致村落“人口空心化”“土地空心化”“经济空心化”“基础设施空心化”和“文化空心化”。其中，农村“人口空心化”是指农村人口流向城市，尤其是大量青壮年劳动力进城打工、创业、工作，就地安居，很少回村，导致农村劳动力减少，仅留下老人和儿童；农村“土地空心化”是指由于农村常住人口减少而导致的大量农村住宅闲置，耕地撂荒现象；农村“经济空心化”是指由于农村劳动力减少，农民进城务工进入工业或服务业，导致农业成为农民的“副业”，农业生产衰落；农村的“基础设施空心化”是指与村民生产生活密切相关的道路、电力、通信、排水等基础设施落后；农村文化空心化是指随着农村人口的大量流失，农村传统文化逐渐失传，历史文脉的传承难以为继。[①] 乡村“空心化”对农村社会经济结构造成了全方位的影响，导致乡村缺乏生机和活力，危害极大。

西古村由于邻近运城市区，自然条件也较优越，因而相对来说受到的影响不大。西古村的空心化主要表现为人口空心化及由此衍生出的一系列问题。

西古村全村在册人口 482 户、1673 人（本数据由盐湖区派出所提供，截止日期为 2020 年 2 月底）。据统计，村里常年外出务工人口超过千人，留守人口不足 500 人，即超过三分之二的村民常年在外谋生。留在村里的大多是 50 岁以上的老人，以及每天需要上幼儿园的儿童。全村耕地面积 2693 亩，全部为水田。虽

① 张志敏：《乡村振兴背景下空心的形成与复兴路径研究——以 Z 省 S 县陈村为例》，载《中国社会科学院研究生院学报》，2019 年第 4 期。

说村庄分布于涑水河两岸，但涑水河已断流多年，村里灌溉用水全部采用深井水。由于深井数量有限，目前仅有 20 眼，所以村里的用水权分配便至关重要，尤其是田地急需灌溉时，村民间的矛盾冲突便较大。调研时我们注意到，在村委会办公室，悬挂着巨大的村民水权分配表、用水管理组织机构、用水管理办法等牌匾（图 6-1、图 6-2）。西古村都是水田，土地肥沃，庄稼不需要太多管理就可以有很好的收成，因而耕地撂荒情况很少。前些年外出务工人员往往把土地转包给他人（价格一般是每亩地每年 100 元），近年来随着土地流转、集约经营模式的施行，外出人员的土地都是免费给他人集中经营，因而不存在土地空心化问题。村庄的经济效益、基础设施建设、文化建设等与相邻村落相比较的话，还略胜一筹，因而也不存在空心化问题。

图 6-1　西古村水权分配表

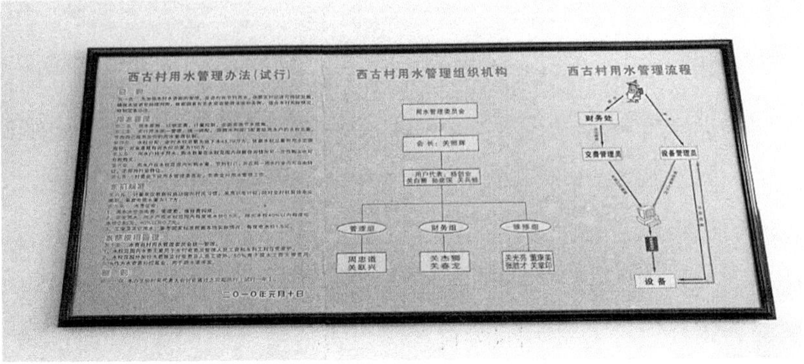

图 6-2　西古村用水管理办法

即便如此，西古村人口的空心化带来的问题依然严重。主要表现在以下几个方面：

“人口空心化”导致村庄共同体衰落，村落缺乏内在凝聚力。费孝通先生在《乡土中国》中论及中国乡土社会的结构特点和文化系统时曾用到一个概念——“差序格局”，精准概括了乡土社会以血缘和地缘为基础，以教化权力为维系纽带的小团体特征。世易时移，当下的农村，血缘的效力日渐式微，私性的价值观念正成为主流意识。“传统社会的‘差序格局’被打破，呈现出理性化与工具化趋势，没有利益因素的介入，村民个体之间难以建立起亲密的合作关系，个体对有机共同体的认同感逐渐消解，从而形成村民的‘原子化’特征。”[①] 村民日常生活中的相互交往更多是受利益的支配，对于村落基层政权来说，村民基本上处于“碎片化”状态，组织化程度极低，因而集体行动难以达成。

① 黄博：《乡村振兴战略与村民自治：互嵌、诉求与融合》，载《求实》，2020 年第 1 期。

“人口空心化”导致基层政治面临公共权威丧失。村党支部、村委会等基层组织是乡村振兴的重要推动者，但村落的“空心化”使得基层组织的很多工作无法扎实推进并取得成效。青壮年男人长期在外，导致村委会的号召响应者寥寥。尤其是随着国家税费制度改革，取消农民的农业税之后，客观上减轻了农民的负担，但也使得乡村基层组织失去了向村民进行各种摊派和收取费用的资格和机会，长此以往，村干部对村民的管理权限越来越小，村委会的权威势必弱化。据村党支部书记关照辉讲，国家现有体制对农民缺乏基本的约束力，有些村民虽然户籍还在村里，也分有田地，但本人一直在外地打工，三五年都不回来，土地或是转包给他人，或是任其荒芜，村干部也奈何不得。即使村里成立了一些相应的组织机构，但作用也难以充分发挥。

“人口空心化”导致留守儿童问题日益严重。年轻的父母大都外出打工，没有时间和精力去照顾正值学龄的儿童，孩子都留给爷爷奶奶带。爷爷奶奶对孩子溺爱放纵、管教不到位，致使儿童养成了许多不良习气。村里没有一所学校，邻近村镇学校的合并，增加了学生上下学的不便，教学质量也差强人意。村民们都认为城里上学好，孩子都送去城镇上学，久而久之，爷爷奶奶与留守儿童之间的沟通出现障碍，感情也日渐疏远。年轻父母对孩子缺乏应有的关心和照顾，致使留守儿童问题日益严重。

“人口空心化”加剧了乡村发展中的人才匮乏问题。大量乡村精英涌向城市，加剧了村落人力资源的流失，导致大量乡村治理工作难以开展，而且还导致一部分乡村治理工作走了形、变了味，可以说村里的民主选举、民主决策、村务监督等方面都不同程度出现了异化现象。村落发展因为人才瓶颈而变得举步维艰，甚至是村委会的选举也面临后继乏人的困境。针对村干部短缺的现状，政府通过招考选派大学生村官驻村帮扶，但这些年轻村官对村落建设并没有起到实质作用。一方面是缘于对村里情况不熟悉；另一方面是自身不踏实努力的结果。很多村官压根就没打算在村里待多久，他们选择该工作只是把农村经历当作晋升资本，因而不能够认真对待村民事务。

二、农民自身思想观念和能力素质存在问题

农民是乡村文化的主体，他们既是乡村文化的创造者、习得者和传承者，同时也是乡村文化振兴的内生动力。农民的参与度越高、农民意愿反映得越充分，乡村治理的效果就会越好。但从调研结果来看，目前农民的主体作用受到多种因素的制约，乡村振兴战略实施中依然不同程度存在着“上面热、下面冷”“政府干、农民看”的现象，主要原因是农民自身思想观念和能力素质存在问题。

村民“小农”意识浓厚，责任意识淡薄。“小农意识主要表现为小富即安、眼界狭隘、自甘人下、贪图小利，对公共事务缺乏应有的热情，习惯于被统治、被照顾，缺乏奉献精神等。”[①] 如果没有可以预期的利益诱惑，村民便不会有参与乡村公共事务的热情。加上近年来农村人口流失大，村民对乡村事务关心程度日

① 郑立新、罗鹏：《乡村振兴视域中的农民主体作用、制约因素及路径选择——基于湖南岳阳乡村的调查与思考》，载《云梦学刊》，2020 年第 1 期。

益降低。即便是上级政府制定的一些惠民政策，如种植大棚蔬菜，政府给予了一定程度的支持，村民也不愿跟着政府干。政府安排的培训学习，村民参加的积极性也不高，除非是给予小恩小惠才愿意学习知识、参与农村活动。村民对村落建设缺乏主人翁意识，"等项目、靠政府、要资金"的心态比较普遍。对政府安排的基础设施建设等项目也不愿意发表意见，主要是害怕一提意见项目就会移到别的村去。大部分村民既不关心村庄事务，也不指望自己的意见对村落治理有多大作用，他们只是习惯于被动接受和乐享其成。大多数村民简单地认为推动乡村振兴完全是政府的事，与自己无关。

村民文化水平偏低，能力素质不高。从调查情况来看，村民的学历层次普遍较低，离新型职业农民的要求还有较大差距，难以充分发挥主体作用。有的村民法律意识淡薄，道德素养不高，头脑中基本没有民事和行政违法的概念。按照他们的理解，只有类似杀人放火这种刑事犯罪才算是触犯法律。一旦个人利益受损，就会选择上告、群围，法律意识极低且目光短浅。村民们大多认为司法诉讼门槛高、成本大，耗时费力浪费钱财，还很难得到自己满意的结果，便习惯性地选择上访信访的方式去寻求问题的解决。当然，村民也有狡黠的一面，由于目前国家的相关法律不够完善，对村民缺乏必要的管制措施，他们便认为上访信访，顶多就是不成功，法律奈何他不得，这也是当下农村村民上访信访人数居高不下的主要原因。另外，有的村民贪图农产品的产量、收入，不顾忌质量安全问题乱施农药、化肥；有的村民公德意识不强，乱倒生活污水等，各种乱象不一而足。可以说，目前我们的乡风文明建设、乡村治理工作尚未取得明显成效，距离设定的目标还任重道远。

村民对民主权利缺乏足够认识。在村民自治中，村民享有选举权、被选举权、监督权等，但在现实生活中，村民很随意地就可以放弃自己的这些政治权利，典型的例子就是在选举村干部时，谁能给他一点小恩小惠就选谁。调研中发现，村民们认为村干部都是镇政府早就决定好的，他们的选票根本不能左右选举结果。既然选票没有多少实质意义，还不如谁请吃饭就选谁。这些都说明村民对基层政府的公信力存有疑虑。

村民缺乏示范榜样人物的引领，“农村能人”带动能力不强。“农村能人”主要指“三个带头人”：党组织带头人、致富带头人和自治组织带头人，他们是村里的“主心骨”“领头羊”。[①] 具体到西古村，可能就是需要有宗族领袖、文化传播骨干这样的带头人的引领。村民们由于自身素质所限，更习惯于跟着别人走。没有“领头羊”，村民大都得过且过，没有明确的目标和方向。个别新乡贤目的不纯，以权谋私，并不是真正为乡村建设、为村民着想，因而也难以起到带头人的作用。

三、基层管理体制存在问题

基层主要指乡镇一级组织和村级组织。在乡村治理中，村两委会作为村庄基层治理力量，是乡村文化内生动力的重要组成

① 郑立新、罗鹏：《乡村振兴视域中的农民主体作用、制约因素及路径选择——基于湖南岳阳乡村的调查与思考》，载《云梦学刊》，2020 年第 1 期。

部分。他们在对上级政策上传下达的过程中有机会了解国家的大政方针，在与外来者的接触中，也有条件更客观、更理性地重新认知乡村文化。可以说，作为乡村治理的主体性力量，乡村干部队伍的领导能力成为村庄治理能力现代化的关键所在。但在调研中发现，村干部提起工作来往往是怨声载道，感叹“现在的活难干”“自己需要有三头六臂才行”（指村干部难当）。究其原因，主要有以下三个方面：

压力型的体制系统致使村干部不堪重负，村民们则表现出政治冷漠。在现有管理体制下，乡村治理权力相对集中于政府，基层政府对村庄的指导习惯性的演变为领导，主导了村落治理中大部分事宜。基层政府安排部署的任务多、检查督促多、要求又高，村干部逐一落实完成自上而下的升级达标任务已是身心俱疲，很难再有时间和精力去发展经济，以至于其发展经济的能力日渐生疏。在当下管理体制下，村干部主要是“对上负责”，因为上级领导决定着他们的去留，因而也无暇顾及农民的意见和要求，有时出于政绩考量因素，会过度追求形式主义，从而在一定程度上损害农民利益。这种单向度的管理方式在现实生活中产生了不少负面影响。从我们走访座谈的情况来看，上级部门给村里下达的指令多，真正有效地指导并不多。重大项目很少征求村民的意见，有时甚至是完全包办村里的各项工作。村民偶有参与，也只能是在政府定调画框后做一些基础性的工作，介入治理的较低层面，这些安排都极大挫伤了村民参与村庄事务的积极性，导致行政管理与村庄自治之间无法做到有效衔接和良性互动。有些村民反映，国家对农村基础设施、公共服务设施建设投入了不少的钱，但由于在规划制定过程中不能认真听取群众意见，结果钱用不到地方，实际效益不高。有村民提出意见时，上级部门会说，“你们要求太多的话，这个项目就放到别的地方去。”结果村民们被吓得再也不敢发表意见，项目的实施也无法达到预期效果。一个村庄最终的治理效果不只是取决于国家行政力量自上而下的安排部署，同时会受到乡村社会自下而上的制约。长此以往，村民对村庄治理只能是“冷漠以对”，可以想见基层政府对村庄的管理也只能是事倍功半。

“村财乡管”致使村庄发展资金缺乏，建设资金筹措难度较大。目前农村建设资金大部分由国家承担，少部分由农民自己筹集。地方政府可以拨付的资金实在有限，而且不能准时到位，村干部常会面对“无米下锅”的窘境。2007 年 5 月 31 日，位于村西的关朗墓群被列为“盐湖区重点文物保护单位”，2012 年 12 月 29 日正式立碑。2018 年，村里计划将其争取为山西省文物保护单位，但是连填写申报书需要的五万元费用村里都支付不起，最后是由村支部书记关照辉自己垫付的。两年多过去了，至今还是白条一张。据专家估算，开发关朗墓群需要近百万元的资金投入，而村里很难筹措到所需资金。作为关公后裔主要聚居地，西古村想要打造“历史文化名村”也需要有顶层设计，有前期投入，而资金缺口太大，工作难以开展。村里大多数家庭经济收入并不高，把关公文化当作一种精神寄托还行，涉及捐款捐物的时候，村民们还是有所顾虑。如每年的关公诞辰、关公文化节等活动需要耗资两三万，也都是由村委会出资筹办，真正的香火钱很少。

村干部工资待遇低，致使其工作积极性不高，主观能动性不足。村干部作为一种职业岗位，工作任务重但所得报酬极少。截至 2018 年底，村党支部书记关照辉每个月的工资是 1500 元（村干部中享受工资待遇最高的岗位），据说 60 岁退休后每个月可以获得 100—150 元的福利保障，这样低的报酬很难调动起大家的积极性。村干部作为乡村文化振兴的内生动力，其在村落治理中的重要性不言而喻。一个村庄是否能做到风清气正，村干部的表率作用会事半功倍。如果村干部对村庄的发展规划缺乏足够的热情，便很难真正意识到乡村振兴对乡村文化而言的发展机遇，也很难认真去研究地方政府政策的具体实施办法，并通过积极有效的方式落实到村庄的工作规划和实施中。

四、乡村传统文化衰落

文化需要传承才能永葆生命力，但随着市场化的冲击，当前农村传统文化式微，礼俗基础被破坏，农村社会的原子化与异质化程度不断加深，村庄共同体已完全失去了聚合能力，乡村传统文化的传承面临窘境。在调研中发现，西古村作为一个有着先天历史文化资源优势的村庄，其文化传承现状令人堪忧。目前来看，村民的文化生活基本上处于一种个体的、自发的状态，仅有的一些民间公共文化活动则以庙会、祭祖、修家谱、烧香拜佛和做礼拜居多。表面上是公共活动，但参与的目的主要是为满足自我私欲。乡村传统文化正日渐衰落，主要原因体现在三个方面：

传统文化赖以传承的物质载体发生了巨大变化。传统的村落就是一个村庄共同体，“不仅是地域共同体，更是情感共同体、利益共同体和文化共同体，能有效地将本如‘一口袋马铃薯’的农民个体联结起来，并采取一定的集体行动”[①]，而当下的农村，社会结构、利益格局正在急剧变迁，传统意义上的村庄共同体正逐渐被解构，大量的青壮年农民日益摆脱土地的束缚，如候鸟般往返于城乡间或是在城市扎根，曾经令人眷恋的乡村已经成了空心村。更令人忧心的是，“在传统乡村社会中以血缘、宗族、家族、伦理等为纽带建立起来的传统文化体系逐步消融解体，传统文化共识、传统价值观、历史积淀的价值取向不断被削弱腐蚀”，[②]数千年来形成的乡村传统文化的根基已经彻底改变。

传统文化的传承者呈现出老龄化趋势并日益减少。农民是乡村文化的主体，他们既是乡村文化的创造者、习得者和传承者，同时也是乡村文化振兴的内生动力。[③]但随着城市化进程的加速以及农民流动性的增强，很多村民从土地的捆绑中解放出来，涌向了城市。青壮年精英的流失使村庄失去了生机和活力，留在村里的都是老弱病残，使得传统文化的传承人呈现出老龄化趋势。更令人忧虑的是，个别外出务工的农民，接受了城市化进程中一些不健康的灰色文化，并将其错误的价值观扩散蔓延到乡村，形成了较坏的影响。

基层管理者对乡村文化价值缺乏足够认识。土生土长的村

---

① 杨郁、刘彤：《国家权力的再嵌入：乡村振兴背景下村庄共同体再建的一种尝试》，载《社会科学研究》，2018 年第 5 期。

② 李元勋、李魁铭：《德治视角下健全新时代乡村治理体系的思考》，载《新疆师范大学学报》（哲学社会版），2019 年第 2 期。

③ 参见顾海燕：《乡村文化振兴的内生动力与外在激活力：日常生活方式的文化治理视角》，载《云南民族大学学报》（哲学社会版），2020 年第 1 期。

“两委”成员可以说是乡村文化内生动力的重要组成部分，在乡村文化振兴中发挥着重要引领作用。但由于乡村文化短期内很难带来经济效益，又对资金、人力和物力有较高要求，因而村干部往往会“望而却步”，从而将注意力转向基础设施建设等“看得见、摸得着”的问题，即“在乡村振兴战略的实施中仍然偏重于产业先行，要么将公共文化服务体系的建设视作民生改善的体现，要么将文化产业视为产业增收的途径。”① 其主要根源还在于基层管理者没能意识到乡村文化的有形价值，没能意识到乡村传统文化对于乡村振兴的重要性。如果基层政府再不介入并对这些不良倾向加以引导，农村传统文化很有可能在风雨飘摇中“断线”，以致“飘落”。

图 6-3　团队成员访谈村党支部书记关照辉（左三为关照辉）

① 陈叙：《新中国70年来乡村文化建设的历程与走向研究》，载《中华文化论坛》，2019年第6期。

第三节 治理措施

党的十九大之后，随着乡村振兴战略的全面实施，国家对农村基层社会治理提出了“产业兴旺、生态宜居、乡风文明、治理有效、生活富裕”的总要求。相应地，“打造充满活力、和谐有序的善治乡村，形成共建共享共治的治理格局”，“健全党组织领导的自治、法治、德治相结合的乡村治理体系”成为基层社会治理的目标。广大农村迎来了发展的新机遇，西古村也要以此为契机，努力打造“历史文化名村”。

一、制定切实可行的“村民公约”以规范村民行为

早在北宋熙宁九年（1076 年），关学创始人张载的弟子吕大钧便制定了中国历史上第一部成文乡约，史称《吕氏乡约》。其内容涵盖乡村日常生活的方方面面，该《乡约》在蓝田等地推行后，关中风俗为之一变，故张载说“秦俗之化，和叔有力”。梁漱溟曾给予《吕氏乡约》极高的评价，指出它是在一定的地缘关系中通过相应的社会组织实施的，故其不仅仅是一种规约，还是一种“乡村自治组织”。[①]“传统乡规民约接通国家‘德礼法制’与民间社会规约，在‘有法可依’的基础上做到‘有规而循’。

① 刘学智：《〈吕氏乡约〉与〈蓝田新乡约〉》，载《光明日报》，2018 年 7 月 14 日第 11 版。

所谓‘朝廷有法律，乡党有禁条’，‘国有律法，民有乡规’等，正是对国家法律与乡规民约之关系以及乡规民约的性质及其自治功能的高度概括。”①

乡规民约作为民间法，属于非正式制度的范畴，是乡村在长期发展过程中形成的符合当地基本情况、在一定区域内具有较强约束力的制度。西古村也曾制定过不同版本的村规民约、行为规范（见图 6-4、图 6-5）。

西古村“行为规范”

咱西古，是宝地，你我他，共出力。
讲奉献，主公道，守法律，反邪教。
遵章法，守规矩，建房子，经审批。
义务工，积极去，公益事，多出力。
好青年，履兵役，倡晚婚，优生育。
邻里间，互帮助，上重孝，下重教。
爱国家，爱集体，公家物，要爱惜。
干正业，谋生计，勤劳动，共富裕。
养家禽，莫扰邻，砖石柴，摆整齐。
贫困户，要帮助，病残弱，要照顾。
婚嫁娶，破旧俗，丧事简，立意新。
新农村，建设好，本条约，要记牢。

① 胡仁智：《“乡规民约”的独特法律文化价值》，载《光明日报》，2018 年 11 月 7 日第 11 版。

图 6-4　西古村“行为规范”

西古村村规民约（新版）

要爱党爱国，不说不做有损党和国家的话和事。

要诚实守信，不给先祖 —— 关公形象抹黑。

要爱村护村，不乱搭乱建，自觉维护村容和巷道卫生。

要遵纪守法，不赌博，不涉毒，不违反村民自治章程。

要移风易俗，不铺张浪费、讲排场、比阔气。

要孝老爱亲，不虐待老人和孩子。

要邻里和睦，不搬弄是非和侵害他人利益。

要珍惜土地，不撂荒和违法占地。

要举止文明，不搞封建迷信，不酗酒斗殴。

要弘德扬善，积极参加义务劳动和志愿服务。

图 6-5 西古村村规民约

这些村规民约可以说总结得全面周到，无微不至。但失之于琐碎，且不方便记忆。询问起村民来，几乎没人能答得上一两条，这就说明现有的村规民约还需要再提炼、再提升。由于村规民约具有本土性、地域性、世代相沿的特性，因而更方便操作，对于乡村治理有效性强，村民们从心理上来讲也更容易接受。目前，虽说村“两委”在对村落进行着有效治理，但在诸如道德领域、乡村礼俗等方面，乡规民约仍具有弥补行政和法律不足的功能。积极修订、不断完善西古村的村规民约，进一步赋予其以现代性内容和时代精神，让其承载更多的道德自律、社会教化、乡村自治等文化意义，以期让乡村真正形成崇德进取、向上向善的良好风尚。

二、不断激发并强化村落发展的内生动力

农民作为乡村文化的创造者、习得者和传承者，他们在乡村

文化振兴中的重要性不言而喻。乡村文化作为一种乡民的日常生活方式，其振兴离不开乡民的积极参与，为此，在乡村文化振兴的实践进程中，激发乡村文化的内生动力至关重要。由于乡民普遍接受教育程度较低，文化水平不高，因而基层政权重点应从以下几方面做起，来激发广大农民的积极性、主动性和创造性。

注重培养和强化村民的参与意识。通过宣传和培训，帮助村民了解国家关于农村工作的政策及战略部署，开阔视野，强化其自身的主人翁意识、权利意识、参与意识，提升其参与乡村公共事务治理的能力。注重提升农民的监督能力，建立健全村庄公共权力运行的监督机制，规范公共权力运行。

注重提高村民的法律意识。孟子曰："徒法不足以自行。"① 如果村民的法律意识淡薄，那么农村的法律制度就不可能真正发挥作用。只有对村民进行普法教育，他们才能够保护自己的合法权益，才能在遭遇土地纠纷、经济纠纷、家庭纠纷时合理合法地解决问题。在现实生活中，可以依托各级行政组织开展群众性法律宣传活动、建立民主法治示范基地，也可以借助电视广播、报纸杂志等大众媒介让农民了解国家法律，还可以通过培养一批乡村意见领袖向农民传播法律信息等。通过不同渠道的宣传，使农民发自内心地认同法律，将会对构建和谐有序的乡村秩序产生积极影响。

注重培训村民的市场意识与生产技术技能，拓宽农民教育培训的人力资本开发途径。可以借鉴浙江"湖州模式"，通过与地方高等院校、职业院校的合作，提升农民专业技能、学历层次

① 见《孟子·离娄上》。

和综合素质（一定程度上也抵制了村里攀比、赌博等不良风气），推动传统户籍型农民向新型职业农民转变。把农民塑造成为新时代乡村振兴的主角，进而成为基层民主政治完善中的主体。[①]

积极整合乡村多年来业已存在的内生性自治资源，如关氏宗亲联谊会、红白理事会等，引导其发挥已经具备或潜在的才能，使村民能打破个体限制，有机会通过不同的平台发挥作用并表达诉求，增强其共同体意识，从而推动内生性自治力量的不断成长。[②] 近年来，西古村之所以能做到"小事不出村，大事不出镇，矛盾不上交，就地解决"，就是发动群众、依靠群众、服务群众的一种体现。

建立健全激励奖励机制。按照精神激励为主、物质奖励为辅的原则，鼓励村民为村落发展积极建言献策，广泛开展最美村干部、文明家庭、优秀村民自治组织等评选活动，召开隆重的表彰奖励大会，增强农民参与乡村振兴的荣誉感，为推动乡村振兴提供持久精神动力。同时建立约束惩戒机制，对违反规定的行为坚决给予惩戒。

三、借助特色文化资源，打造历史文化名村

费孝通先生曾在 1997 年提出"文化自觉"的概念。[③] 他指出

---

① 黄博：《乡村振兴战略与村民自治：互嵌、诉求与融合》，载《求实》，2020 年第 1 期。

② 许晓：《从断裂到整合：对乡村振兴的政治社会学考察——基于冀西北地区 X 村的个案研究》，载《求实》，2020 年第 1 期。

③ 费孝通：《费孝通全集》（第 16 卷），内蒙古人民出版社 2009 年版，第 1 页。

“文化自觉是指生活在一定文化中的人对其文化有自知之明，明白它的来历、形成过程、所具有的特色和它的发展方向。”“文化自觉是一个艰巨的过程，首先要认识自己的文化，理解所接触到的多种文化。”[①] 费孝通先生的论述高屋建瓴、一语中的，指出了当下乡村文化振兴中普遍存在的问题。西古村也不例外。在乡村文化建设中缺乏充分的“文化自觉”及高规格的顶层设计。

西古村作为关公后裔主要聚居地，显然已具备了丰富的历史文化资源和显著的学术研究魅力。近年来，西古村已经引起了海内外关公信众的广泛关注，中央电视台《远方的家》《记住乡愁》《中华兵道》等栏目组相继来村录制节目，马来西亚、新加坡、越南等国家表演团也专程来慰问演出，但西古村的乡村文化建设依然面临“墙内开花墙外香”的困局。村委会碍于文化领域的开发具有投资大、发展周期长、见效慢等特征，加之经济主导发展的惯性思维，故难以积极主动采取措施争取上级部门的项目支持，在政策实施过程中更多表现出“等、靠、要”的被动性。村民们也难以表现出更多的热情，他们好奇于那些流连忘返于村庄的外人，甚至会质疑其行为的必要性，他们更关心的是，外人对村庄文化的好奇是否会为村庄带来经济收益。

西古村乡村文化建设的内生动力要想被激活，必须借助于外力。可以从以下三个方面着手发力：

加强与海内外关公信众的联系与沟通。借助每年多次大型的关公信众祭祀活动，诚邀海内外关公信众组团来朝拜、祭祀，扩

---

① 费孝通：《费孝通全集》（第17卷），内蒙古人民出版社2009年版，第525页。

大影响力。

争取地方高校提供学术支持。吸引地方高校科研人员参与村落文化开发和建设，深入挖掘、细致梳理村庄的历史文化资源，并予以阐释和符号化。通过建立村庄特色文化展览室等有形文化载体，提升市县乡各级政府部门及村庄基层组织对于乡村特色文化的认知度，培养村民的文化自觉。

积极争取地方政府的引领和支持。让地方政府真切感受到乡村文化的意义和价值后，在资金和政策方面给予支持。在宣传相关政策时，地方政府也应适应新媒体时代的需求，创新宣传、引导方式，依托微信、微博等各类新媒体，打造乡村特色文化的宣传、解读平台，让村民和村庄基层组织能够及时、有效地了解到相关政策的具体内容，不断激发乡村文化内生动力的积极性、主动性和创造性。如果缺少政府这一乡村文化振兴的外在激活力，乡村文化振兴难以取得实质性进展。

有了外生动力的介入和引导，村民和村庄基层组织作为乡村文化的内生动力也会被激活。一旦他们从乡村文化的振兴中收获了经济与社会效益，就会无形中增强文化自信和文化获得感。并因此会顺势而为，积极主动开展文化建设，最终以文化的振兴带动乡村生态发展、社会治理工作。[①]

---

① 顾海燕：《乡村文化振兴的内生动力与外在激活力——日常生活方式的文化治理视角》，载《云南民族大学学报》，2020 年第 1 期。

四、积极推进新乡贤参与乡村治理

要充分发挥新乡贤群体的重要作用。我国“十三五”规划纲要和2017年中央“一号文件”都明确提出要培育新乡贤文化。要把“德高望重的老人、心系故土的有识之士、道德模范、乡村教师、经济能人等有助于乡村治理的人，纳入到乡贤群体中来，使其成为社会稳定的维护者和乡村文化的弘扬者。”① 新乡贤不仅能力强、资源多，而且深谙乡土规则，对乡村有感情，具有一定的凝聚力和感召力，因而应积极推进新乡贤参与乡村治理，倡导、鼓励他们在村民自治中发挥积极引领作用。要真诚邀请乡贤为家乡发展出谋划策，要让新乡贤“回得来、留得住、干得好”。可以从以下三个方面重点抓起：

强化乡愁情结、情感归属的牵引力。可以通过重要传统佳节向在外乡贤表达问候，同时因时制宜举办乡贤联谊活动，积极推进“情感乡贤”。

加强相关立法，保障乡贤回归参与乡村治理的合法地位和权益的实现。把新乡贤及其载体乡贤组织的建立和发展纳入国家的法律、法规制度保障体系之中，并对其内容、地位、作用和活动方式等权限方面给予明确的规定。②

要健全激励机制，提高乡贤参与乡村治理的积极性。可以借鉴在乡村人才振兴方面已有突出成就的重庆“永川模式”，通过

---

① 参见2018年3月8日习近平总书记参加十三届全国人大一次会议山东代表团的审议时讲话。

② 付秋梅、何玲玲：《驱动力与阻滞力：乡贤回归参与乡村治理的作用分析》，载《海南师范大学学报》（社会科学版），2019年第6期。

对优秀先进事迹进行表彰宣传，来强化新乡贤的社会荣誉感，实现新乡贤个人价值与农村公共价值的良性循环，进而推动他们带领更多的人才创业致富。

第四节　充分发挥“关公文化”在乡村治理体系中的独特价值

一、关公“四好”遗训已然成为西古村民的“乡规民约”

在西古村“关帝阁”前，保存有关公“四好”遗言碑刻，上书“读好书，说好话，行好事，做好人”十二个大字。关于其出处，一说为关公写给儿子关平，一说为关公祖父关审留给家族后人。此“四好”遗言在海内外多处关庙中皆存有碑刻，字体不一，但内容完全一致。又称“四好”箴言碑、“四好”遗训碑、“四好”垂训碑等。

南宋著名思想家朱熹曾特为此遗训作赋《篆迹赞》，足以见得关公及其“四好”遗训影响之大：

百圣在目，千古在心，妙者躬践，敫者口吟。（读好书）

莠言虚妄，兰言实杯，九兰一莠，驷追不回。（说好话）

圣狂路口，义利关头，择行若游，急行若邮。（行好事）

孔称成（圣）人，孟戒非人，小人穷冬，巨人盛春。（做好人）

大意为：

多看古代圣贤的著作，把历史的成败经验和教训牢牢记在心里。书中的精华要亲自去践行，优秀论述要常吟诵；

假话、坏话是荒诞不实的，好话、实话是千真万确的，多说好话、实话，少说假话、坏话，一言既出，驷马难追；

在正确和错误的路口，在正义或利益的关头，选择自己的行动要慎之又慎，不负责任的行为必然虚浮不实，不假思索匆忙行事就会出现过失和错误；

好人就是孔子所说的德才兼备的完人，就是孟子所说的仁义行事的人。心眼龌龊的小人好像严寒的隆冬季节，循规蹈矩的善人则好像温暖的艳阳春天。

另外，西古村关氏后裔为尊奉《圣祖遗训》，近年间还制定有《族规》：

以祖为范，忠义仁勇。读好书，加强修养；说好话，言出必行；行好事，勇于担当；做好人，德孝为本。牢记祖训，践行祖德，永不背祖，光前裕后。

读好书，智者不惑；说好话，言诸不哗；行好事，勇者不惧；做好人，仁者不忧。

忠正心，义诚信，仁养德，勇立业。正心诚意，格物致知，修身齐家，治国安天下。①

① 关新刚：《关圣氏族》，中州古籍出版社 2019 年版，第 109—110 页。

山东临沂莒南大地曾有过一个传奇家族庄氏，人才辈出，家业鼎盛。先后有 8 人考取进士，数十人中举，拥有良田万项，商号千家，被誉为江北第一大庄园。该家族第十一世族人庄瑶，是本村庄姓氏族中较为著名的乡贤，他为勉励后辈努力，于清代道光年间将关公“四好”箴言亲书临摹，刻于碑上，立于本村文昌阁，并作为家训家规让村民铭记于心，恪守不渝。庄氏家族之所以能在明清时期繁荣兴旺长达六百多年，与其世代恪守关公“四好”家训有很大关系。

我国台湾地区位于台北市中山区的行天宫，信众众多，主要奉祀五位恩主：关圣帝君（关公）、吕洞宾、张单、王善、岳飞，从祀的有关平太子、周仓元帅。行天宫教化信众的信条中就有机地融入了关公的“四好”箴言：

净身：“行好事”，不结恶缘。

净心：“读好书”“做好人”，不起恶念。智慧的人宽大、善解，内心不起贪爱，嗔恨及执着，才能常保清净和自在。

净口：“说好话”，不造口业。一句好话庄严自己、鼓励别人，口不出妄言、谣言与恶言，自能享有好人缘。

关公“四好”箴言在当下仍然具有现实意义。湖北宜昌市猇亭区在强化党建工作时就要求：作为一名党员干部，读好书，就是要严于修身，在党信党；说好话，就是要严于守规，在党言党；行好事，就是要严于用权，在党为党；做好人，就是要严于律己，在党兴党。西古村村民作为关公后裔，更是时刻牢记“四好”祖训，“不给关老爷脸上抹黑”，让关公精神在新时代乡村文明建设中发挥作用。

二、“关公文化”相关祭祀活动调动了村民的积极性，增强了村落的凝聚力

有学者指出，当下农村农民文化生活存在着传统与现代并存现象：一方面是现代性的私性文化有所增长；另一方面是传统式的公共民间文化有所复兴。[1] 西古村的乡村文化生活现状就印证了这一点。

村民的私性文化得到了长足发展。自 20 世纪 80 年代农村集体化终结，开始推行家庭联产承包责任制以来，农民越来越被裹挟进商品经济与市场之中，农村市场化程度的加深带来了村民利益的多元和分化。传统的道德准则、礼俗规范开始失效，村民的个体意识被激发，追求个体利益最大化成为村民选择的首要依据。在这一时代背景下，村民的私性文化得到了长足发展，拥有的私性文化资源日渐丰富，诸如电视机、影碟机、卫星电视接收设备，包括有线电视、电话、手机甚至电脑等现代文化信息产品也进入了大多数普通农民家庭。理论上讲，农民个体式的日常文化生活还是比较丰富的。但是，由于农民的文化素质相对较低，致使他们的私性文化活动存在着“自由有余、政府引导不足”等问题。打牌、打麻将和看电视成为当下农民闲暇生活的最重要的组成部分，农民的公共文化生活总体趋向衰落。市场大潮冲击之下，农民的传统道德观念也必然受到冲击，可怕的是，“农民在私性领域逐渐生长出个体权力和利益意识，但是并未同时在公共领域培

---

① 吴理财、夏国锋：《农民公共文化生活的衰落与复兴——以安徽省农村文化调查为例》，载《学习月刊》，2006 年第 15 期。

育出公民意识或公共理性，相反地，农民的公共生活却急剧衰落，私性意识在没有任何公共理性的节制下得以肆意膨胀，人们简单地按照功利化原则处理彼此之间的关系，农民之间原本亲密的互助关系被赤裸裸的利益关系所取代，农民在日渐功利化的同时，也日益原子化、疏离化，传统社区走向瓦解。”① 村民与村庄共同体之间的关联性降低，对村庄共同体的依赖性弱化，特别是流动在外的农民，已经将自己的利益关系移出村庄，不再过多关注和参与村庄的公共事务，原有的对于村庄的记忆和情感日渐疏远，对村庄的归属感减弱，村庄共同体应有的凝聚力已今非昔比。

与此同时，村庄中传统式的公共民间文化活动又有所复兴。西古村每年围绕关公信仰的大型祭祀活动主要有三次，分别为春季祭祀（即清明节）、关公诞辰祭祀（即农历六月二十四）、秋季祭祀（即农历九月十三）。每次祭祀活动都会持续数天，有繁多的流程和细则。事实上，西古村近年来村落公共生活中信仰传统的复兴并非个案，这一现象背后有着村落自身发展的内在逻辑，“中国乡土社会公共生活日渐缺失的总体趋势近些年在信仰领域遭遇反弹，在乡村生活中地位日益提升的宗教信仰与乡土社会固有的对于公共生活的需要‘一拍即合’，从而使得缘于信仰的公共生活在乡土社会中呈现复兴之势。”② 在当下乡村成员之间日益“原子化”、个体化的情况下，唯有与信仰相关的仪式活动才能为公共生活的构建提供一种可能，才能在公共领域与私人领域之间

① 吴理财：《农村社区认同与农民行为逻辑——对新农村建设的一些思考》，载《经济社会体制比较》，2011 年第 3 期。

② 王媖娴：《民间信仰与乡土社会公共生活的构建：基于鲁中地区颜文姜信仰活动的考察》，载《西北民族大学学报》（哲学社会版），2012 年第 5 期。

搭建起一座桥梁。

关公文化相关祭祀活动便成为这样一座连接“公共领域与私人领域”的独特桥梁。在西古村，只有每年数次的祭祀活动可以把分散在城乡各地的村民聚集起来，“把分散的、自私自利的个体结合在一起，形成一种大家相互认可的共同认同。”[①]借助于祭祀活动，参与者在体验与“神灵”沟通的神圣感的同时，也可以感受到来自村落共同体的凝聚力。

对于西古村村民来说，他们每年自愿聚集起来，齐心协力又秩序井然地共同完成数次大型的关公祭祀活动，一方面是在祭奠先祖，更重要的是通过祭祀仪式表达自己对关老爷的敬仰和祈求。参与者真诚地相信关老爷很“灵验”（有的祭拜者直接手持“有求必应”的锦旗），这几乎也是所有祭拜活动的最为核心的特质。在田野调查的过程中，我们发现有关关公显灵的故事不断被当地人提及，且讲述者一再强调其真实性：

> 前几天那个演关公的演员（指《三国演义》中关公的扮演者陆树铭）去常平家庙拜关公，没想到关公显灵啦，把他也吓一跳！那个演员在庙门前面摆了个“关公耍大刀”的姿势叫人拍照，拍出来他身后有一个大大的关公身影！当时是下午三点钟，太阳是斜射的，按说这影子怎么着也不该在他身后啊。最奇怪的是，照片上的关公身影，和影视剧中的关公造型是一模一样。那个演员是短发，穿着平

① 赵旭东：《从交流到认同——华北村落庙会的文化社会学考察》，载《文化艺术研究》2011 年第 4 期。

常衣服，可他身后的影子是戴着头巾，头巾上还有两个角儿，胡须老长老长。那个演员把照片发到朋友圈，一下也“炸了圈”……村民：侯 × ×

去年（2018 年）万荣县 × × 村有个关老爷庙拆了要建个新庙，动工的时候干活的工人从房子上面掉下来摔死了。村里老百姓都说是商家在拆庙时没把旧的关公像安顿好，没有举办“解灵”的法事，惹怒关爷啦……村民：王 × ×

类似这样的故事被不少村民讲述，大家口耳相传，对关公的威力更是深信不疑，甚至会有些忌惮（或者说敬畏），生怕自己在祭祀活动中表现不积极而惹怒关神。在这些祭祀活动中，关公的种种传说故事会通过村民的口口相传讲述给下一代听，更重要的是，通过这种祭祀活动，可以将平时涣散的人心凝聚起来。村民日常闲暇生活主要就是看电视、打牌、打麻将，几乎没有公共文化生活，这样就使得村民的村落集体责任感丧失。长此以往，有可能会导致一种极端功利化的自我中心取向，大家在一味强调个人权利的同时拒绝履行自己的义务。而关公信仰的相关祭祀活动恰恰弥补了这一不足。从调查中我们发现，在筹划祭祀活动的过程中，村干部和村民们都表现出极大的热情，平时的龃龉不合都被搁置一边，大家群策群力，参与到村落公共事务中。祭祀的过程中，仪式的参与者无不感受到一种神圣的使命感以及融入集体中的归属感，借助于关公信仰活动调动起了村民的集体意识，强化了村民对村落的认同感，一个村落的“共同体感”也由此得到激发和展现。

三、“关公文化”的核心精神与社会主义核心价值观有着内在的一致性

“价值观以其所展现出的对真假、善恶、美丑的评判与取向，影响着人们的思维方式、行为方式乃至整个社会文化发展的路向”，它基于“历史积蕴、现实需要与理想追求而形成，渗透于形形色色的文化中，并居于核心地位，成为一个民族的灵魂与精髓。价值观念在任何一种文化中都处于最根本、最核心的位置，支配着人们的认知方式与行为选择。”[①] 社会主义核心价值观是当代中国精神的集中体现，凝结着全体人民共同的价值追求。它是对中华优秀传统文化的传承与升华，是中华优秀传统文化在现代社会的延续。而关公文化的核心内涵是以“忠义、仁勇、诚信”为主要内容的伦理精神和道德品质，是中华传统文化发展的重要组成部分，它孕育于源远流长、博大精深的中华传统文化基础之上，吸纳了传统文化丰富的营养；在其发展过程中又以其独具的特色充实和拓展了传统文化的内容。可以说，关公文化的核心精神与社会主义核心价值观有着内在的一致性。

党的十八大提出的社会主义核心价值观共 24 个字：国家层面的富强、民主、文明、和谐；社会层面的自由、平等、公正、法治；公民个人层面的爱国、敬业、诚信、友善。这些价值观的建构与

① 方海茹、赵忠祥：《传统乡贤文化的核心价值观培育功能及其现代启示》，载《河北工程大学学报》，2019 年第 4 期。

实现需要从传统伦理道德中寻求强有力的精神支撑。而关公文化的核心——"忠义、仁勇、诚信"精神与社会主义核心价值观中公民个人层面的爱国、敬业、诚信、友善追求有着内在的一致性。忠，对应"爱国"，忠于国家、民族、集体和人民；义，对应"诚信"，是一种信义精神，是一种基本的社会道德遵循；仁，对应的是"友善"，也就是热爱人、尊重人、善待人、帮助人，睦邻和善，是一种大爱；勇，对应的是"敬业"，激励人们要不惧任何挑战，勇于担当、勇于拼搏、敢于开拓，意味着自强不息、百折不挠。"诚信"则要求人们在社会生活中诚实守信，不弄虚作假，不欺人欺己。关公文化的伦理道德精神中，义是其最核心的处世原则，其他都可看作是义在不同方面的具体体现：事上，显其忠；临下，显其仁；对敌，显其勇；交友，显其信。关公的为人处世方式完美契合了中华民族的心性结构、文化基因。关公文化的核心——"忠义、仁勇、诚信"精神，在社会主义精神文明建设中，日益显现出其重要性。

在调研中我们也发现，关公文化在约束乡民行为、调节乡邻关系、树立文明乡风、维护基层社会秩序等方面都起到了重要作用。关公文化体现着崇高的价值自觉和脚踏实地的践行精神，它源自乡土社会共同的历史背景与生存环境，已深深渗透于本地区民众普遍的集体心理之中，因而其核心精神不仅对本土乡民的文化自信发挥重要作用，而且对敦厚民风，承继传统，推动基层社会的整体向善也具有特别的意义。在当下社会背景下，大力弘扬关公文化，积极倡导"忠义、仁勇、诚信"精神，对推动整个社会的伦理道德观念的建设具有积极意义。就连外国的学者也心悦诚服地对关公表示敬意。美国圣地亚哥大学人类学系教授、芝加哥大学人类学博士焦大卫先生说:“我尊敬你们的这位大神，他应该得到所有人的尊敬。他的仁义智勇直到现在仍有意义。仁就是爱心，义就是信誉，智就是文化，勇就是不怕困难。上帝的子民如果都像你们的关公一样，我们的世界就会变得更加美好。”①

当然，我们在吸取关公文化优秀内涵的同时，更要立足时代诉求，结合现实语境，建规立范，并使其与社会主义核心价值观相衔接，从而切实将社会主义核心价值观落实、落细。

① 王西兰:《关羽传》，北岳文艺出版社 2014 年版，第 258 页。

访谈资料：

访谈一

时　　间： 2017年4月2日 14:00—16:00

访谈对象： 关德成，男，55岁，关公第68代世孙。1976—2002年曾长期担任西古村党支部书记，现为西古村关氏宗亲会顾问。

访谈地点： 关德成家

访 谈 人： 杨　丽

问：您能跟我说说咱们村里每年是怎么祭拜关公的吗？

答： 村里有个关圣族谱，上面记载春秋两祭，春祭是清明，秋祭是九月十三，清朝对关公后裔照顾得很多，达到登峰造极的地步。当时，免粮食、马料。祭祀只在“四清”时期断过一段。那时“破四旧”“立四新”，就不搞这个。自1996年开始，现在除了春秋两祭外，还有庆诞，就是关公生日那天，所以是三次。三次是我们村结合常平、解州、安邑合在一起。生日是全国各地信关公的，福建、河南、北京的，一部分代表去常平，祖先在常平，我们是常平的后代跑到这里了。一部分留在村里像清明节就上关朗坟，一部分上安邑，那是关姓的始祖，再去祭祀关公的父母，祖父母那里，再到 80 米高的关公像那里。这是春祭。

问：关公生日一般要唱戏啥的，咱们村怎么祭拜啊？

答：庆诞，六月二十四就一个，就是常平和西古唱大戏，文化交流，游村仪式。村里有神轿，从空港做关公像的地方请来关公神像，这些平时保存在大队的队部里。到了庆诞当天 8 点开始，由 8 个青壮年抬轿巡游，抬轿人的属相要与当年生肖一致。比如 2015 年是羊年就有 8 个属羊的青壮年抬轿，2016 年是猴年就有 8 个属猴的青壮年来抬轿，游村从关帝阁开始一直绕到涑水河对岸的四大队结束。由关氏联谊会的会长、副会长或是大队党支部，锣鼓开道，上香，献供后，抬着神轿开始游村，强调威严，神轿经过之处人们在家门前祭拜。因为游村路线经过村边的一级公路，南来北往的无论是大货车还是小轿车，司机看到游村队伍都认为很幸运，纷纷下车，拦下游村队伍主动在路边祭祀、祈福，希望得到关公的护佑。并捐 10 元到 50 元不等的香火钱。

问：为啥司机还非要拜呢，也不是他们村的游村啊？

答：因为晋南一带关公也是很灵验的护车神，因而跑长途的大车司机对游村神像更是极为尊敬。

问：关帝阁有啥活动吗？

答：西古村民在六月二十三晚上就熬夜，等着 12 点开始在关帝阁烧香，大家你争我抢希望能抢到头炷香，香火钱是 100 元，随意也可以，由专人负责。因为全村都要来烧香祈福，人数太多还需要专人负责维持秩序，排队上香。

问：村里还有族谱吗？

答：有，清朝同治九年（1870）的家谱由刚娃（关新刚）保管，我这保管的是原家谱续的家谱。

问：除了关帝阁外，村里还有其他祭祀的场所吗？

答：以前有个家庙，家庙坐北面南，50 年代有一部分学生在里面上学，"四清"时期拆了家庙。家庙是代表西古村关姓的五个宗支。老大这一支大门的堂号是福盛堂；二门是平忠堂；三门是忠义堂；四门是四合堂；五门是博士门（也叫少爷门）。堂号从这里分开了，家庙里除了主家庙以外还包括四个堂，其中少爷门在南头原来大队处这里。

问：为啥博士门就可以分出来？

答：因为博士门是朝廷封的（百姓俗称关博士），被封为翰林院五经博士，从清雍正年间（1725）开始世袭，一直延续到民国，民国时社会动乱，没用了。免税是顺治十三年（1657）就免税，免粮食、免马料、免草豆、免支差，从西古村开始，全山西省 22 个县的关姓族人都不支差了。南北朝时期的关朗碑、关姓定例碑就是朝廷封的，不可更改、独一无二的惯性定例，因为有很多人冒充关姓人享受这一待遇。西古村是关羽的直系亲属，因为有三个儿子，老大是关平，后裔在湖北，西古村是关兴，只有直系后代才能享受到这一优惠。这个碑曾经被大队做了过门石，正面已经磨得面目全非，在背面可以看到歌颂关公事迹的四言碑文。还有九亩三分碑，因为关朗的原因关公后裔到村里建了一个墓地，家谱里写墓地九亩三分大，是不是土地不够了，或者为什么不凑一个整数呢？因为九代表长寿，三代表活着，意思是永远活着，碑上记着关公（关公、关兴、关义）三代把自己的生命都献给了壮丽的扶汉事业。关朗是易学大师，南北朝时期鲜卑族首都在平城（山西大同），孝文帝当政后有人给他介绍西古有个奇人，可以知道百年之事。孝文帝不信，后来召关朗来谈怎样治理国家，当时关朗虽不为官，却也深谙水能载舟，亦能覆舟之理。孝文帝悔恨见得太晚了。孝文帝南征回来 33 岁就死了，关朗主要是贤臣没有遇到明主。他的父亲关康之也是如此。关康之的墓在植树造林时也被发现了，是石棺，上面刻着花纹，文物局不让动。关朗后来到了现在临汾的古越山开了易经培训班。这是我们村的祖先，从家庙看有关公祖先、关公、关兴、关朗五个宗支的祖先，直到“四清”。老大到老五叫关大、关二、关三、关四、关五，在关康之的石棺里面也刻着这些名字。

过去庙相当多，最主要是关公家庙。除了家庙，北城门城门楼上有一面写了关圣后裔的匾，往前走九大步有一个挡钟，解州是铁的，西古村是木头制的。含义仍是文官下轿、武官下马，南城门是圣裔庄的匾。据查证全国没有一个村子成为圣裔庄，只有西古村能担得起圣裔庄的名号。清朝时，村里修了一个刘关张结义庙，周边几个村子共同出资修建，规模相当大。庙近二十亩大，有献殿、香殿、碑文，汉朝末年这一代都被称为涑水河古村一带，结义庙建起来以后，以庙为中心才分出不同的村名，庙北是北古村，庙南是南古村，庙西是西古村，庙东是东古村。关公后代逃过来时这村叫堡子，之后叫圣裔庄，清朝时因结义庙改为西古村。其他庙都没了，但大家都记得。村里流传着一句话：“村村有关庙，家家有关像，九州无处不烧香。”西古村关姓崇拜自己的祖先，每个月的初一、十五在家里烧香祭拜，在家里供奉的多是塑像，其中又有不少做工精致的木制像为主。因为这些木制像做工精美、神态逼真，所以收旧货的商人都喜欢收，有的人不愿意卖，收旧货的人还想方设法多次上门来收走，现在木雕像流失严重，很少见了。以前村里关姓中还有几个专门做关公像的人。上香根据神三鬼四，给神上香往往上单数，上香、倒酒、行大礼，三拜九叩，也就是三跪九叩。运城神话传说多，但对我们来说，关公是人不是神，我们要从人的角度来研究。

问：现在的年轻人主要职业是什么？还信关公吗？

答：出去的年轻一代的关公后裔分散在全国各地，他们的微信号就是关公信众，出去做生意的开饭店就是关公饭店、忠义饭店、打饼子的也是“关公酥饼”，以诚信、仁义做自己的招牌。年轻人平时三次祭祀都有人回来，尤其是本村关公生日时专门奔波几千里赶回来烧香，在外年轻人有个共同的认识、讲究，谁烧的香多，谁掏的香火钱多，谁的生意就好，这点很应验，大家都很信。

问：结义庙有没有和关公信仰有关的事呢？

答：在结义厅那有一棵大槐树，大槐树要七八个人手拉手才能拉起来，到 70 年代围绕着大槐树烧香的人就特别多，成千上万的人，为了制止人们上香，有人决定毁了大槐树。因为不敢刨，就用炸药炸了。把大槐树的枝烧火做饭的也家庭不顺。有一个关姓的人，逢初一、十五烧香的，他的五岁的孩子从几米高（一丈高）的二楼摔下来，只是头上磕了一个口子，其他部位好好的，还去中心医院专门检查了，也没事。另一户张姓，他也崇拜关公，也是孩子从四米高楼上摔下来，刚好地上有一块西瓜皮，在西瓜皮上一滑，孩子安然无恙。因而每年烧香很积极。祭拜的农民都期盼家庭幸福、平安和谐、在外面做生意能顺利一些。

问：现在没有结义庙了，人们怎么拜关公？

答：西古村有事求关公，嘴里默念心愿，西古村如果求子往往去常平家庙的槐树那里，在关帝阁求的主要是孩子与父母八字不合、或者希望孩子平安长大。为此，村里每年都买一些红绳，绕着关公像拉一下开光，求的人得到一米左右的红绳，当场将红绳挂在孩子的脖子上，就得到了关老爷的保佑，红绳拿回家平时可以将红绳绑在脚上，一年都能得到佑护。孩子成人前每年都可以去求，每年在脚上戴一段红绳，保佑孩子平安长大。为什么会应验呢？村里人觉得神只要朝拜的人多了就有一股灵气，这股灵气聚在神像周围不走，灵气就从神像传到红绳上了，小孩子戴上就能保佑了。

访谈结束后，17 点由关德成带领看了关朗墓、关氏定例碑等。

访谈二

时　　间：2017 年 12 月 20 日 14:00—16:00

访谈对象：关德成，男，生于 1950 年，关公第 68 代世孙。1976—2002 年曾长期担任西古村党支部书记，现为西古村关氏宗亲会顾问。

访谈地点：关德城弟弟家

访 谈 人：杨　丽

杨：您能说说咱们村里有杂姓吗？

关：很少，村里多年也想保持关姓血脉的神圣性与纯洁性，关姓有时和杂姓不是一势（方言。即"一样""同道"）。村里你看到了，南北狭长，五里地，涑水河上的队没有一个杂姓，纯纯的关姓，从族谱上查出来，因为水灾迁过去。新中国成立以后，只有一个赵家的杂姓。

杨：村里现在有多少人口，都以什么职业为生？

关：现在村中大约 1600 多人，除了一小部分留守者在村中种梨、种庄稼，其余都出去打工。现在村中结婚、嫁女、埋葬老人，都是我们五十岁以上的人顶着，全都给包了。年轻人就是国庆、春节回来待几天，然后就全走了。他们出去大部分打工，打饼子，学习的很少。留村的包括上学的小孩就是八九百人，出去 900 人左右。

杨：关姓结婚有什么特殊之处吗？

关：关姓婚礼的特殊地方是婚礼中要强调关公祖训，还有就是要祭祖，目的是发扬关公的忠义仁勇精神，要把这种精神继承下去并发扬光大。结婚时专门有一项是祭祖，在关帝阁前要下马，鸣炮，新人下马后向关公神像行三跪九叩的大礼，关帝阁初一、十五、结婚时专门开门，之后是给舅舅披红，之后是回家。第一是祭奠关公这个先祖，之后回家祭拜自己的祖先，祭拜两个祖先。不管是祭拜关公祖先，还是祭拜自家祖先都是发扬传承关公文化的精神，为后代做出榜样。结婚仪式在给新人祝福时，在勉励词中会专门提道："希望你们婚后要继承祖训，要读好书、说好话、行好事，做好人。"关公还说："愿天常生好人，愿人常做好事。"这是专门给关姓的人说的祝福语。其他杂姓不说，但其他杂姓也到关帝阁前下马。我们都征求意见问在什么地方下马，都说在关帝阁前下马，这不强迫。关帝阁提前布置，主家下马前拿上花馍，献上红绸做成的红色绸花，把关帝阁打扮得漂漂亮亮，乐队在阁前表演一段。下马后花馍端回家，再献自家祖先。舅舅披红，万荣、上郭、三路里等地都不披红。

杨：舅舅在婚礼上重要吗？

关：舅舅显得是娘家亲戚的尊贵，显得有几个哥哥几个弟弟，是母系血缘传承，有几个舅舅就披几条红，舅舅准备一挂鞭炮，谁给舅舅披红，舅舅需要还一个红包（"舅舅为大"的习俗，这一习俗应该是母系社会遗迹的存留，已经有几千年的历史渊源了。

至今舅舅在亲属家庭关系中的地位仍然是最高的。）红包是象征性的，可以三两块，十块八块，都不限。披红完了以后，新郎新娘给舅舅行礼，合影就可以。特别讲究母亲娘家一脉人丁兴旺，这是第二步。第三步是回家祭祀祖先。婚车在阁前停着，因为有下车就不能再上车的讲究，之后新人就要步行几百米回新郎家。嫁女有个“上马”，“上马”也是在关帝阁前“上马”，“上马”同时要放一挂鞭炮，我们村 10 月 1 号就有个结婚的，是招亲，你也来看看。

杨：招亲很多地方是挺丢人的啊，这里呢？

关：招亲在全国其他地方一般都是反对的，只有在我们这里招亲特别普遍。村里从清朝开始一直延续到现在，招亲很普遍。外村招亲不好意思，丢人的。这里不存在丢人，抬不起头，招亲和平时的嫁女，娶亲完全一样。最主要的原因是为了保持关姓血缘的纯洁性。必须把这一脉的血缘关系直接传承下去。比如弟兄三个，只有老三一家有三个儿子，就必须把自己的其他两个儿子过继给老大和老二，不能让老大和老二绝户，还不能用其他姓的孩子或者捡来的孩子。这些在家谱上都有不同的称呼，捡的孩子或者再婚后带过来的孩子称为有子，抱养的孩子叫养子或者育子，招亲生的孩子仍姓关，但招亲的男方一定要在名字后面加以说明叫入赘或者叫招亲。外人不知道，只有编家谱的人知道，一般自己不去问这些事情。以前的家庙，在清明祭祖时，不亲的血脉不能分火烧吃。（火烧：表面上没有芝麻的烧饼，是一种流行于中国北方的特色传统名吃，主要食材为面粉、花椒、香葱，色泽金黄，外皮酥脆，内软韧，咸香鲜美）。因为关郎坟附近的地是关氏公产，一般出租后种的粮食要放在家庙。清明时上坟结束后发饼子，亲的发，不亲的就不发。招亲时，在结婚前一晚，女方先到男方家，男方要到女方家，双方互换。结婚当天，再由男方从女方家出发，到男方家将女方迎回。在形式上仍是男方接回女方，因为招亲包含了嫁女与娶亲的双重含义与仪式，是两重喜事，且费用全部由女方来出，因而女方亲戚参加招亲宴请时上礼金就要上双份礼金。新中国成立前被招亲的男方往往是家境困难或者是弟兄较多，现在家庭条件好了，往往是男女双方自由恋爱之后，男方自愿入赘。招亲后，为了让后代区分不出自己是被招亲的，男方很多愿意改姓，随女方的关姓，这样只有同代人知道自己招亲的身份，而后代往往是不知道的。也比较容易融入村中的新环境，被同化了。他们在村里比较认同关姓，愿意改。没有身份证之前的年代里，改姓时要给女方家族立一个字据，字据中要说明某某被招到关家，自愿改姓为关某，立此为据。有了身份证后，不能随意改动身份证信息。有的人比较固执，还坚持自己的原来姓氏，招进来后，关氏族亲永远把他当外人，改姓后就成了一家人，说话干事都亲亲热热。

杨：关姓的葬礼有特殊之处吗？

关：葬礼上无论是谁去世都开追悼会，强调不管去世的人有没有大的贡献，但父母的养育之恩不能忘，要提示后人孝道。

杨：村里基督徒的婚礼怎么办？

关：结婚的基督教教徒也由关氏宗亲会主持，但程序上有所不同。对联不一样，对联不由关氏来写，要找信教的人写。程序不一样，不拜祖先，不在关帝阁门前行礼。要向耶稣行礼。

杨：那葬礼呢？

关：葬礼也如此，在入葬前，不同于宾客上香行礼孝子孝孙一一还礼。其他村的教友会聚在灵堂前跪地集体祷告，如果逝者的儿孙也信基督教就一起祷告，如果不信基督教就会回避。从咽气开始放三天，放单不放双，以前在公墓，现在在自己地里埋了。十二点之前下葬，孝子拿上孝棒，回来时平辈的亲戚不能走同一条路回来，称为不走回头路。孝子孝孙从哪里来必须从哪里回，要走同一条路。长子不摔盆，将盆放在棺材上。如果儿子不信基督教，那么葬礼礼节没有不同之处。我们村基督教传不下去，父母这一辈信，儿子都不信。中华人民共和国后 50 年代传过一次，被政府打击过一次。改革开放后，才兴起基督教传到咱们这里。基本上年轻人不信，年纪大才信。大部分是 50 岁以上，七八十岁才信。但他的儿子们不信。信基督教的人大部分都是好吃懒做，怕做活的人，好人不多，除了一些残疾人没办法，信基督教能让他们觉得病好了一点。真正的年轻人根本没有人信。因为关公文化驱逐了其他教派，关公文化是个最现实的东西还是我们的祖先，是我们崇拜的英雄。说耶稣是神，创造了世界，对村人来说就虚的，不如关公就实实在在地存在于自己身边，能看到能摸到。没有人宣传关公，为什么年轻人也信。孩子从小就感受着，融入血液，不需要刻意地学习宣讲。关键问题是村里人对关公后裔有一种自豪。可以说关公文化是一个课堂，可以驱逐其他教。村里刘关张是一家，同时信关公，只要是这三个姓肯定都是同一个信仰。王梅当就信基督，王梅当人特别正直，我们都服她是个好人，因为把教义讲得特别好，人按教义做事，不信就没有办法生活。她信教和其他人不一样，人们对她产生一个好感，把教义活学活用，眼睛看不见之前也不信，后来失明后没办法了，一个人坐家里，就到教会，她不强迫别人相信，她善心，心眼好，杨妙丽也是心眼好。其余就不行了，该骂人还骂人，该干嘛还干嘛，没有把教义的规定做出来。武亮信教了，太可惜啦。他的毛笔字写得好，以往关帝阁前的对子都是他写。后来不写了，问他为什么，说耶稣惩罚他，腿疼的。其实 1995 年那几年村里信教的特别多，有 400 多人，信教也是丰富村里的文化生活。每次关公生日时，我安排基督教徒的节目在前面表演，但他们当着众人的面骂关公，这下全村人都反感，不理这些信教的人，之后很多人退出了基督教，不信了，又信关公。现在就剩下了这几个，两伙一共几十个人，一个礼拜六一个礼拜天。一个去北相村，一个去张村，这两家是公开的，分的派太多，被认为是争权夺利。他们的活动老是暗里，从来不明，小团体活动，搞不清楚。以前人相当多，老的小的轰轰烈烈。在关郎墓那里，场地开阔，表演场地好，他们就在台上就骂关公，骂其他人不应该跪拜祖先，应该信耶稣。我们说了你都嫁到关家里了，为什么还骂。从我的思想上想，基督教是让人向善的，让人学好的，关公也是一位英雄，是人们学习的榜样，把两个搁一块美美的，基督教看不惯关公，关公势力相当大，他们说关公是泥疙瘩，要扔了，不要信。话说得难听，大家反感，不好，多少人都退出来了，可信了关公了。我说基督教你老说你好好好，为什么在村里发展不起来。太教条了，死搬硬套。也没有按教义做事，如王、杨现在信教大家评价也好着呢，为人处事哪一方面都好着呢。这 20 来个人不影响，因为都是六七十岁的人了，而且他们的儿子还愿意参加关公活动。儿子辈觉得老人年纪大了，也就是个自己的爱好，不好说老人什么，她愿意信就让他信，比如高陶安。关氏宗亲会，十几个人，自愿参加，没有报酬，完全是付出的。弘扬关公文化和基督教都一样是付出的，没有报酬。关公过生日义务在那里招呼，但都愿意，没有怨言。宗亲会平时接待来村中拜祭关公的人，看家谱的，福建、广州、海外经常来，大部分从我们这里迁出去的，寻根问祖。经费来源是烧香的钱，十几块买的香，一般是烧 50 块，当天能烧 200 多支，10000 多块的收入。这部分经费用于日常开销，比如去解州关帝庙坐车去就从这里出钱。先烧香、磕头、点炮、放功德钱 50 元、100 元、200 元。这是自愿的。《土话土》（运城本地的自媒体杂志，主要介绍运城的风土人情）的那三个人抢的头炷香，有时候按生日烧香，不是每个人都适合烧头炷香。

访谈三

时　　间： 2018 年 3 月 10 日下午 3：00—5：30

访谈对象： 关新刚，男，58 岁，关公第 68 代世孙。曾任运城市盐湖区常平乡党委书记，盐湖区委宣传部副部长，盐湖区文化新闻出版局局长等职。2011 年退居二线。现任关公故里关氏宗亲会名誉会长，运城市关公文化学会会长。

访谈地点： 运城学院河东文化研究中心

访 谈 人： 宋　洁、杨　丽、杨晶晶、梁　雯（老师）
武　皓、王雅洁、薛文宇、张　焯（学生）

宋老师： 关新刚会长是关公第 68 代世孙，是中国关氏宗亲联谊总会的创会会长，关氏后裔联谊会终身荣誉会长，运城市关公文化学会会长，可以说是咱们运城关公文化发展早期的倡导者、发起人。关会长从 1993 年开始研究关公文化，这些年出版的图书有将近 10 种，他多次参加关公相关的纪念活动，相关的学术研讨会，多次参加关公文化宣讲团，他是运城包括全国研究关公文化绕不开的一个人物。关会长在关公后裔里面是非常活跃的，贡献特别大的一个人。咱们今天主要的议题就是，让关会长谈谈

“新乡贤”这个群体在关公文化传播方面所做出的贡献。“新乡贤”这个概念是2016年才提出来的，这个人叫钱念孙，在全国“两会”的时候讨论“十三五”规划时提出来的一个概念，这个概念这两年炒得特别热，它其实就是指一些退休的政府官员、知识分子、企业家等，利用自己的知识文化人脉资源回馈自己的家乡，为故乡去做贡献。关会长显然属于西古村的“新乡贤”这个群体，今天主要就是想让关会长谈谈他作为新乡贤，他在故乡关公文化的传播中起到的一些作用。“新乡贤”在乡村的建设中，乡村的治理中，可以发挥很重要的作用，他们可以协调改善乡村社会的人际关系，使文明乡风得以延续，使乡村社会能够更和谐，更有生命力。我们先让关会长谈一下，等会儿大家再提问。

关会长：下午很高兴和大家就关公文化做个交流。刚刚宋老师对我做了介绍，我就是盐湖区北相镇西古村人。西古村实际上是当年先祖在东汉末期在常平杀了恶霸以后，常平村的关姓为了躲避当地官府的追杀，逃到四十里以外的北相镇西古村。这个事《山西通志》《解州州志》《安邑县志》都有记载，所以我们这个村就是关公后裔村，近几年中国关氏宗亲会都去过我们村，北相镇西古村是在运稷路边，这么多年关公文化吸引了不少关公信众，我实际上是1978年恢复高考之后，我就出去读书了，学校一毕业刚开始是在原来的原王庄学校教学，之后调到我们运城市宣传部。在宣传部工作期间，因为是关公后裔，我1993年就参加了首届在常平乡举办的关公诞辰活动。后来，1993年我成立了关公后裔联谊会，孟海生是咱们运城一个研究关公文化的前辈，他发起成立了关公文化研究会，还有我们盐湖区交警队的李英杰发起成立了关公基金会，我们 3 个人 3 个会。1993 年就开始举办关公诞辰纪念，1995 年，关公诞辰活动我代表关公后裔在大会上发言，6 月 24 日我发的言，6 月 26 日在常平乡担任书记，组织上的理念就是关公故里就是要让关公后裔去执政，因为特殊情况，当时的情况比较乱，把纪检书记选成了乡长，这是一个重大失误，一下免了 4 个人，有幸关公后裔使我政治上有了平台。1995 年我就去常平乡工作，2008 年到我们盐湖区文化局担任局长，一直到 2011 年退居二线。我之前有对关公文化这方面的基础，同时又是关公故里的文化工作者，第三个又是关公后裔，这么多年参加各地的活动，很高兴今天与大家在一起交流。

我想从两个方面做一下简单的交流，一个是关公文化的形成、起源、发展；第二个是关氏后裔的渊源和现状。关公文化这个词里面包含着关公文化的形成、关公文化的发展以及关公文化的现实意义。先说关公文化的形成，大约经历了三个阶段：第一个阶段是历史人物中的关羽；第二个是文学艺术中的关公；第三个是民间信仰中的关帝。也就是说关羽、关公、关帝是三个层次，代表着关公文化传承光大，代表着关公文化截至现在都有它的现实意义，经历了三个阶段，所以说是形成了一种文化。简单地说，历史人物中的关羽，现在关公作为一种神明来说，中国的神明有两大类，一种是虚无缥缈的，一种是真实存在的，关公确实是历史上的真实人物，在《三国志》上都有记载。在元末明初时期罗贯中编的《三国演义》，它是一种艺术，是一种小说，他以《三国志》为基础，进行了艺术加工，这就叫文学艺术中的关公。关公和关羽不一样，“公”是对长者的尊称，其二，关公刚开始由侯爵变成公爵再变成王爵，这个封号，由关羽变成了关公，实际上是对关羽的一种升华，是对关公忠义仁勇精神的肯定，一种宣传，一种榜样。你可以说关羽存在着一些缺点，但你不能对关公说三道四，他已经被神化成无缺陷无毛病的神明。《三国志》里面的关羽和《三国演义》中的关公事实上还有一定的区别。他是通过这种艺术教化人们要忠义仁勇，这就是关公文化的高潮，关公文化的形成、发展，《三国演义》起到了很大的作用。第三个，民间信仰中的关帝，关公由人而侯，由侯而王，由王而帝，由帝而圣，由圣而神。明万历四十二年（1614），封关公为帝，从这里开始，关公就成为一种帝王将相了，庙宇改为关帝庙，关公的服饰也有了新的赐封，是一个帝王的装束，但是手上拿着朝王板，其实这是矛盾的，说明关公是后封的帝。关公封帝后，紧接着就成了圣人，影响比较大的是文圣和武圣，文圣是孔子，武圣是关公，特别是在明代后期，到清代时期，全国庙宇就出现了县县有文庙，村村有武祠，民间掀起了建关老爷庙的一个高潮。这就是从关羽到关公继而到关帝再到关圣，逐步升级，清代有十位皇帝，有八位皇帝都对关公进行了赐封，有两位皇帝没有封，第一位是康熙，康熙虽然没有封关公，但是他在弘扬关公文化上做了很大的贡献。比如说，康熙在1703年来到解州关帝庙，头一年关帝庙因为一场大火，庙宇被毁，康熙拨款对解州关帝庙进行大修，同时他规范了祭祀，他在关公祭祀、信仰和弘扬关公文化上做的贡献非常大。第二个是最后一个皇帝溥仪，他做皇帝时间很短，还没有来得及赐封关公，清代时期是关公崇拜的鼎盛时期。历朝历代对关公，没有进行过否定和反对。下一个我们要说的是关公文化的现实意义，也就是说现代社会为什么要弘扬关公文化？历朝历代供奉关公，都有个人的目的，都是为统治阶级服务的，因为关公精神第一个字就是忠，作为皇帝都想让他的子民们忠于自己的国家，现在人们把关公文化理解成七个字：忠义仁勇礼智信，精确地来讲就是忠义仁勇，它的核心是“忠义”两个词。“义”字现在叫诚信。在明代时期，有个皇帝叫朱元璋，他起初对关公文化持一个否定的态度，他将明代以前的所有关公封号都取消了，他害怕民众们都要像关公这种精神一样，通过信义，会对政府构成威慑，结果没有达到想要的效果，又开始推崇关公精神。这就可以看出来，在民间信仰中还是离不开关公的。关公一直是统治阶级治国的需要，关公是一种高尚的道德楷模。人们把关公作为“平安保护神”“武财神”“万民之神”。关公精神与我们党的执政理念紧密相连，习近平总书记在十九大报告中提出了社会主义核心价值观，“富强、民主、文明、和谐”是国家层面的，“自由、平等、法治、公正”是社会层面的，最基本的是个人层面，“爱国、敬业、诚信、友善”，爱国是忠，敬业是勇，诚信是义，友善是仁。社会主义核心价值观是关公精神忠义仁勇的传承转化。习近平总书记在去年反腐败报告中提出，第一，我们要以壮士断腕刮骨疗毒的精神反腐败，刮骨疗毒这个故事就起源于关公故事；第二，借用“闯五关”一词，习近平总书记在回忆自己的知青岁月时，总结自己闯过了五关，他强调的“过五关”精神与关公经历的五关在某种程度上是一致的；第三，习近平总书记着重强调“信义”一词，这是关公精神的核心。从以习近平同志为核心的党中央来说，从中国站起来富起来强起来讲，关公文化确实有它的现实意义。关公文化在民间教化中，在提高人民的核心价值观中，在人们的道德信仰中，关公文化具有一定的现实意义。

武皓: 在信息化高速发展时代，传统文明受到一些冲击，关公文化作为传统文化的一个优秀的代表，面对冲击，如何更好地传承和发展关公文化?

关会长: 第一，关公文化不是封建文化，不是宗教文化，它是人民的一种信仰。关公文化根植于儒家，升华于佛家，首次把关公当作神，鼎盛于道家，“儒佛道三教共拜”。它是一种大众文化，民俗文化，社会文化。第二，我认为传承关公文化，弘扬关公文化，最主要的是传讲关公文化，作为学校来说，作为文化人来说，我们只有把关公这种精神文化一代一代地传承下去，这才是我们的责任。让关公文化进课堂，进企业，进农村，传讲关公文化。为什么关公文化要进企业，因为产品没有文化它就失去了生命力，很需要文化和企业捆绑起来促进发展。我们关公文化学会总结了四句话: 研究关公文化，传承关公精神，推进诚信建设，构建和谐社会。

武皓: 关公信仰历经几千年的悠久历史，村民一直受到关公文化的熏陶，他们在人格气节上有没有哪些突出的表现? 西古村有没有类似诚信教育这样的活动?

关会长: 第一，西古村关氏后裔这个支系是从常平迁过来的，最早明万历四十二年（1614），关公封帝以后，洛阳关林就建成了，建成之后寻找关公故里的嫡系后裔，于是从西古村找了七家人去看庙、保庙和守庙。第二，给关氏后裔世袭翰林院五经博士，在关氏后裔中选择德高望重的，有才华的，册封以后可以世袭，关氏后裔可以不参加科举考试，享受科举的待遇。第三，赋税差役优免。不当兵，不纳粮，同时划拨一百亩地，让关氏后裔去耕地，主要用于解州关帝庙，常平关帝庙的庙宇维修和祭祀费用。第四，关姓定例。西古村的路边就有这个碑，关姓定例是皇帝赋予关姓不可更改、世代传承和规范祭祀礼仪，这也是皇帝给予关氏后裔的一种责任。第五,九品皇恩。皇恩是皇帝赐予的，九品是最低的级别，最一般的关氏后裔，皇帝给了一个九品的待遇，从关公封帝之后，关氏后裔扬眉吐气，世代给予了很高的评价和待遇。去年盐湖区准备建设 10 个美丽乡村，将西古村作为重点，投资了 200 万元，用于关朗墓地维修和文化长廊建设以及关公祖训铭刻碑。村里面目前可以看到一个关帝阁，这是 1997 年，村里的老百姓集资建设的，还可以看到关朗墓地，关朗在关氏后裔里面名气是特别大的。还有关于关汉卿的记载，我们从家谱中找到关汉卿就是我们河东人。

宋老师: 西古村在传承关公精神方面具体做了哪些工作?

关会长:第一，我们村现在人均一亩多地，80% 的年轻人都外出务工，他们在外面做“关公酥饼”，遍布全国十七八个省，将关公的牌子打在了全国各地。第二，我们村里面剩下的地都成了果木基地，80% 种的是酥梨，“关公酥梨”也很有名气。第三，爱国。我们村有个人当时在部队上退役以后，现在安排到工商局，已经退休了，表现得非常勇敢，曾经有两个小时与大部队失去联系，靠着毅力坚持了两个多小时，再和大部队取得了联系。

武皓: 西古村除了关公信仰还有没有别的信仰? 不同的信仰者之间可能会出现一些矛盾，他们是怎么相处的?

关会长：我知道村里面有不同信仰的人，曾经有一次2006年，台湾有一个活动，当时邀请我过去，我让我们村一个在舜帝庙的一个高中老师去了，这个老师毛笔字写得非常好，他到台湾以后别人给的待遇都特别高，别人在拜关老爷的时候会下跪，他是耶稣教徒，关帝阁的碑文也是他写的。他是比较典型的关氏后裔但是信的是其他的宗教。

武皓：西古村关公信仰的传播方式有哪些？会不会发生一些改变？有没有政府参加？

关会长：主要是靠文化传播。第一，庙宇、祭祀活动是老百姓最乐意做的。往往由乡镇书记组织会议，一般政府官员都只是献鲜花，鞠躬，表达敬意，这是属于现代的一种祭祀方式。民间的祭祀，比如读祭文，祭祀演艺等一般领导都不参加。第二，还可以举办关公文化大讲堂、关公书法大赛、关公耍大刀表演、关公诗歌朗诵等活动。

杨丽老师：作为新乡贤，除了您之外还有哪些人像您一样用自己的力量推动关公文化的发展？

关会长：作为我们关氏后裔，关森柱是我们运城市关氏宗亲会的会长，他会把全国甚至世界各地的关氏后裔组织起来，比如说清明节搞祭祖，三年搞一次中国关氏宗亲总会。关原头村的关英杰、关英才等也做了不少事情。西古村关武亮确实在关公这块写了不少的东西，但是他已经不信仰关公了。还有一个人叫关德成，他也在研究关公文化，参加关公文化的活动都比较多，贡献也比较大。

杨晶晶老师：您刚刚说的很多产品的文化元素不够，关公文化在传播中遇到了一些问题?

关会长：从庙宇来看，解州关帝庙、常平关帝庙每年的游客最多，拜关公的人居多，票房价值很高。但是关公产品产业化发展方面做得不是很好。

武皓：西古村的祭祀活动在重大节日有什么独特之处?

关会长：这是和别的地方不一样的。我们清明节前一天由会长组织去安邑的关龙逄墓地去祭拜，回到解州关帝庙的圣祖殿对关公的爷爷、父母进行祭拜，清明节这一天在常平的关庙里祭拜关公，这个活动要持续两天，而且是由关氏后裔联谊会组织祭拜的。

杨晶晶老师：看起来关帝庙的文创产品效益很一般，这是为什么?

关会长：人们认为在旅游基地买到的东西可能是假冒伪劣的，认为旅游基地产品的档次低。

团队成员访谈关新刚会长（居中）

图 3　关原头村关公文化宣讲团成员
（从左至右依次为：关元喜、关英才、宋洁、关天恩、关天照、关锁存）

访谈四

时　　间：2018 年 3 月 15 日下午 4：00—5：30

地　　点：关攀峰办公室

访谈对象：关攀峰，西古村关公后裔，西古村关氏宗亲会会长

访 谈 人：杨　丽（女，运城学院教师）

武　皓（男，运城学院中文系学生）

杨：清明大祭这块怎么安排？

关：目前还没有安排，按我们正常的流程，我们还在继续讨论，运城市关氏宗亲联谊会，西古村是属于一个最大的支脉。我是西古村的会长，宗亲会是所有的关氏后裔在一起做一些祭拜的活动，完全是一个民间组织，运城有一个关公文化研究会，这个是搞学术性研究的。我们主要是搞传承，他们主要搞推广。关新刚是我们村的人，他现在主要搞的是关公文化研究，我们还是略有区别的。按照宗亲会的安排，4 月 4 号，先去安邑始祖关龙逄墓地，到那里先祭拜，祭拜完了以后去常平（流程图见手机图片），举办这个活动让我们一下拉近了这种宗亲之间的距离，增进我们之间的亲切感，让我们有一种认同感。襄汾有一

家老关家肘子，去年回来认祖归宗，经过考证，追到了第41代，我做了一个荣誉证书，认定他们是关氏后裔，盖上西古村关氏宗亲会的章子。我们这些宗亲共同概括了一句话“天下关姓一家亲，西古是咱共同的根”。我们主要是搞文化传承。我希望能挑起这个担子，把这个事情做好，推广和宣传关公。关帝阁是供奉关公的地方，在村里的正中央。第三项我们去了村外的关朗墓，带上族人以及社会各界人士进行祭拜，在坟头滚鸡蛋，要沾点先人的灵气，我们煮了300多个鸡蛋，然后大家一块吃，特别高兴。我今年还是希望继续把这个活动传承下去，邀请社会各界的人去参加，只要信仰关公就可以。了解、学习、推广关公文化是我们大家共同的愿望。我们的家训是读好书、说好话、行好事、做好人，到时候我会带领大家去宣读家训。关龙逄是始祖，关公是圣祖，关朗是先祖。关朗的父亲叫关康之，我们所能找到的资料是从关康之开始，中间有断代，我们有关朗的墓碑。6月24日宣读家训。我们每年都有这种传承活动，本命年以36岁为主力，再配以24岁、48岁的人进行关帝巡城，大家都穿着古代的衣服，抬着坐轿围着村子转，如果人不够，可以选择上属相和下属相，让大家都参与进来。我接的是一个关帝像，这尊像真正的传承是从2014年开始的，然后我再传给下一位，那年我属猴，保留了一年，传给了属鸡的，属鸡的保留一年，再传给属狗的，每一个属相都会选出一个代表人物。在滚完鸡蛋之后，如果有外来的人，我们还会为大家讲解碑文，讲解碑文的来历、意义。今年是关公诞辰1858年。前年有一个日本电视台过来，拍摄《寻找三国后人》，寻找曹操、诸葛亮、关公的后代。他们正好赶上清明节祭祀。东头有一个张飞庙，结义庙在“文革”时期被毁。关姓招亲男士改姓，招过来的都改了，可能与以前的生活条件有关。招过来的男性就算儿子了，他们认为关公精神比较强大，信仰关公，成为村里的一员，愿意改姓，与关姓越来越亲近。从称呼上的改变就能看出来，男性在家庭中的地位，这个事情比较人性化，能够凝聚人心。我们这个村之前叫“圣裔庄”，全国唯一。关姓相处模式：69 代管 67 代叫爷爷，71 代管 69 代叫爷爷……对人称呼一定要按辈分，每个人都清楚自己的辈分，称呼不能乱，对待老人要有尊称。我们现在家谱记录的东西已经达到最顶峰了，也就是 73 代，每个人家里都有一本家谱，是红色的，之前的老家谱是清光绪年间的家谱，已经密封了，基本上已经不示众了。《关氏族谱》里面是我们整个运城的，那本红色的家谱现在只要是关姓的每个人家里面都会有，做到 72 代，截至 2013 年，重新印刷的时候再登记。

杨：关公文化传承这个事好像现在大家都不是很乐意去做，因为没有报酬，大家都想着要挣钱，村子里宣传的氛围不是特别的浓啊。

关：好多人都只是单纯地信奉关公，信仰关公，大家去祭祀朝拜都是非常虔诚的，除夕夜等着上头一炷香，正月初一一大早起来也要上香。农历六月二十四日，很多人都要去上香，还有很多人要认义子，我们这里结婚的时候，女方要在关帝阁下车，不管多远都要走回去。很多人不喜欢研究这个文化，并不是说他不信奉，也有可能是没有很深的文化底蕴，或者是没有时间和精力，只是说了解，该拜还是会拜，该捐款还是会捐款。

村里面的文化水平都不是很高，大部分都是初高中水平，现在的文化气息越来越不好了。关氏鲜花饼是全国连锁，总店在昆明，鲜花用的是玫瑰花瓣，这个店的老板叫关和平，他的母亲现在在我们村守庙，守庙的人有两个，他们信仰关公，侍奉关公，愿意主动去守庙，不计报酬，至少保自家平安，能够用虔诚的态度去对待这个事情。这两家的孩子都非常有出息，关和平的生意做得非常大，另外一个是周临跃，他是北京运城商会的副会长。关公真的是挺神的，无形之中影响着我们，我会把这个事情坚持做下去。我们现在不是在研究关公本人，而是研究关公精神、关公文化。

武：关老师，我想了解一下西古村的概况，自然地理历史文化这方面的？

关：我从当时的历史来说一下，当时关公杀了恶霸，关姓家族要被满门抄斩，为了躲避追杀，族人一路北上，到了现在的西古村，隐姓埋名，这个地方刚好与安邑、常平构成了一个三角地带，它们都属于安邑县，临靠着涑水河畔，风水好。关朗墓所选的位置是九亩三分大，是有原因的，一生二，二生三，三生万物，九为尊，寓意关公后代繁衍生息。当时这是存在的，有主殿和偏殿，现在已经不复存在了。（具体西古村的概况见手机图片。）

武：除了庙宇祭祀这个传播方式，还有没有其他的传播方式？

关：只能是文化传承，一代一代口口相传。

武：现在西古村信仰关公的人数组成，比例是多少？

关：我们村的关姓人口占 80%，在村里面不管姓不姓关，大家都会信仰这个。能够生活在西古村，这也是很骄傲的一件事情。

武：西古村有没有其他的信仰？

关：有其他的信仰，这个关公信仰是属于一种精神层面的信仰。每个月的初一、十五，很多家长会带上贡品和香，去祭拜。影响到周边村的人们，初一、十五都过去上香。有很多孩子要认作关公的义子，这个事在咱们周边很常见，认作关公义子的程序：带上贡品，烧三炷长香，三叩九拜，行大礼，侍奉者会提供一副碗筷，保佑你有饭吃，然后扯一段红绳，绑在手上或缠在脖子上，保佑平安，这个红绳是关公身上所缠绕的红绳，开过光的，有灵气。在带上贡品的同时，还要再给关公披袍。如果没有带袍，要捐献一百块的香火钱。要求是每月的初一、十五，农历六月二十四日，一定是要去的，每月的初一、十五是有时间要过去，没时间可以不去，农历六月二十四日这一天必须要过去，因为这一天是关公的生日，正月初一这一天也一定要去，因为是春节。

武：西古村有没有宣扬关公文化的独特的节目、活动？

关老师：说快板、耍大刀，真正能代表西古村文化的是我们的关公锣鼓，这个锣鼓的谱子是全国唯一的，谱子的名字叫《温酒斩华雄》，是从古代传下来的，这是我们西古村的特色，关德成先生会把这个介绍得非常清楚。祭祀的时候我们会敲这个锣鼓，在表演的最后会摆出一个大大的“关”字，非常漂亮。我现在比较担心这个锣鼓会失传，因为村里面都是一些老人在敲，这个谱子是口口相传的，是非物质文化遗产，没有书面的东西，是念出来的。

武：有没有拍电视剧的来西古村取景？

关：这个是有的，中央四台有个大型纪录片《远方的家：关公故里威震华夏》就在这里拍的。

访谈五

时　　间： 2018 年 10 月 20 日上午 9:00—11:30

访谈对象： 关照辉，男，生于 1969 年，是关公第 69 代世孙，现任西古村党支部书记兼村委会主任。

主　　题： 西古村关公文化传承与新农村建设

访谈地点： 西古村村委会办公室

访 谈 人： 宋　洁、令狐兆鹏、杨　丽、杨晶晶（老师）
杨双源、柴博松、陈立立、李思美（学生）

因为访谈时间较长，涉及内容特别多，所以仅将关照辉书记讲到的要点提炼了出来。

采访内容：

一、关公信仰的影响范围

关公信仰的影响范围广，涉及群体多。不同姓氏、不同地方的人都在信仰关公，近至运城，远至马来西亚、越南等东南亚地区。关公信众也涉及各个阶层，上到社会精英，下到平民百姓。

二、西古村现状

1. 概况：西古村村委会成员共有 5 人，2 名副书记，2 名委员，还有 1 名书记兼主任、副主任。关照辉，现任西古村党支部书记兼村主任，第 69 代关氏后裔，2003 年开始从事西古村建设发展，工作 16 年，是村里的核心人物。村中原有 37 名党员，3 位逝世，现有 34 名党员，村里现有村民 1600 人左右，常住人口不足 1000 人。村里民风淳朴，基本没有违法行为，如若村民出现矛盾，村委会干部出面协调，劝解村民"不要给关老爷丢人"，矛盾大多就会迎刃而解。

2. 西古村的新乡贤

1）主要来源：关氏一族，贡献较大，有较强的经济实力。如：关新刚，喜欢做公益，引资、弘扬关公文化。关信革，向阳学校校长，为了老百姓发家致富，对村里做贡献。

2）其他来源：政府的扶持和投资。2018 年政府投资 100 万元建设、打造西古村。各界知识、精英分子等新乡贤给予支持，发展关公信仰。

新乡贤：德高望重、有知识、有文化的人。

西古村新乡贤：有价值、有知识、有经济实力、有感召力和号召力的人。

代表人物：

关新刚，引资、弘扬关公文化。

关信革，向阳学校董事长兼校长，喜欢做公益，为了老百姓能发家致富做贡献。

关占兵，城投公司副总，有想法的年轻人，想为村里办事，愿意为群众服务。

三、西古村目前存在的问题

1. 村民文化水平低、素质低，没有自觉参与乡村活动的意识。目光短浅，不能识别一个人的能力，为了小恩小惠才愿意学习知识、参与农村活动。遇到涉及个人利益的问题，一旦威胁到他们的个人利益，就会选择上告、群围，村民的法律意识不强。

2. 纪检委（社会制度）等部门对国家公职人员有极强的震慑作用，但对老百姓缺乏约束力。

3. 目前的社会治理不到位，无系统的方法，统筹管理方面有欠缺。

4. 大学生村官实际上没有对农村建设起到实质上的作用。主要因为对村里情况不熟悉，也有自身不踏实、不认真对待村民事务等原因。

5. 村里部分新乡贤目的不纯，以权谋私，并不是真正为乡村建设、为村民着想。

6. 村干部待遇低。现每个月只有 1500 元的报酬，60 岁后每个月有 100—150 元的补贴，付出和回报不成正比。但村干部在村里各项工作中都处于核心地位，村干部正则整个村子风气就会正，待遇低大家会有怨言。

7. 村里发展资金少，基础设施不全。

8. 关公文化理论只是一种形式，西古村的发展仍需统筹策划。

9. 教育和爱缺失。村里没有学校，儿童去城镇上学，上学距离远，家长接送，带来很多问题。父辈盲目相信城里上学好，因此会造成对孩子的放任、管理不严、行为不当等不良习惯的形成。年轻一代外出打工或者当兵，出现教育的缺失。留守儿童较多，造成父母缺乏对儿童的关心、老人与儿童沟通出现障碍，老人对儿童关心、管教不到位等情形。

10. 村里缺乏示范榜样人物，难以树立影响。

四、新农村建设措施

1. 修路，改善村容村貌。

2. 以宣传关公文化为主，建造关公文化长廊。

3. 注重发展德孝文化，以关公文化为主题打造美丽乡村。

4. 制定西古村的乡规民约。

5. 发展鼓励培养新乡贤。

6. 基层社会治理中应引导大家以德治为主。

7. 教育村民、约束村民、规范村民行为，转变村民思想。对乡村文化的发展，应从基层抓起。

五、实施中存在的问题

1. 群众自由松散，不论活动是否新颖，都不愿参与乡村文化活动，村干部也无法强制干预。

2. 组织群众难度很大，村民不愿相信政府。如大棚蔬菜的种植，政府即使给予支持，村民也不愿跟着政府干。

3. 村民知识水平低，素质低，甚至没上过学，缺乏凝聚力。

4. 乡规民约没有落实制定。

5. 乡村建设规划没有真正落实。如村里水权分配并没有真正落实到每家每户。

6. 关氏后裔中缺乏真正的领军人物，经济支持力度小。

7. 关公信仰只是一种精神寄托，村民能用实际行动支持的很少。如关公诞辰、关公文化节等活动的举行都由村委会出资，大概需两三万元，关公信众的香火钱很少。

8. 国家法律不够完善，百姓问题突出。

六、建议

1. 国家应该完善法律，立法约束村民行为。

2. 基层社会治理中需要更加注重德治。

3. 转变村民思想迫在眉睫。

访谈六

时　　间： 2018 年 11 月 17 日上午 8：30—11：00

地　　点： 西古村

访谈对象： 西古村民

访 谈 人： 杨　丽、令狐兆鹏、杨晶晶（运城学院教师）
柴博松、陈立立、李思美（运城学院中文系学生）

采访人物：景希芳

景希芳，现西古村妇女主任。从主任那里得知，不管是政策支持，还是募捐的钱都用来修庙，弘扬关公文化，并没有多余的钱用来做慈善活动或者投入老人活动中。对于一些民间组织活动，政府不出席。六月二十四关公戏，一年唱一次，但现在不热闹。每家每户只有信关公的家里才有关公像，不信的没有。关于工艺品，原有人专门做关公小像，现在没有。关公信仰是一种风气，自然形成，没人反对，村民信奉关公宗旨，做好人，行好事，读好书，说好话，把关公作为家风，一代代传，如主任自己 12 岁的儿子，从小被灌输关公信仰，每次分发有关关公活动的衣服，不管多大都想穿，他认为那是一种荣耀。村里以关公信仰使乡邻和睦，村里秩序好，不存在家产纠纷、婆媳不和。村里人有 34

个孩子在向阳学校上学，一学期 3500 元（每学期优惠五六百元），有专门的校车接送，一周放一次假。谈到校长，村民连连称赞校长好，村里在那上学的孩子从不说脏话。据了解，向阳学校校长很低调、朴实，捐赠钱（1 万元）也不让表彰，闲暇时候回西古村买水果、肉给自助食堂，看老人，改善伙食。

活动安排：关公文化活动不以政府名义组织，民众自行组织，但政府给予支持。有关关公文化活动，如跳舞、打锣鼓等都由妇女主任组织，每年在活动中都有编排新节目，如《走进新时代》《好汉歌》《桃园三结义》《八月桂花香》等，这些歌舞活动，村中的妇女都是自愿参加，图个热闹，开心。今年参与活动的妇女有 30 多人，服装统一。锣鼓队中女多男少，以前年轻人居多，现大多都是 40 岁以上的中年人，最大年龄 60 多岁。这些活动都录有光盘。

信关公三大奇事：

1. 阴历八月十五，各国关氏后裔回乡认祖，上午天气不好，有暴风雨，十点活动要开始了，雨停了。

2. 请关公像时，天气好，太阳明媚，等一天所有事都忙完，送走人，又开始下雨。

3. 关帝阁的庙门，事先也没有测量，但做好以后安装上去刚刚好。

西古村有专门的关公协会办公室，村里较多年轻人信仰关公，每年在外地做生意的人专门赶回来参与关公活动，但也有一位关氏后裔的老太太信奉基督，家里只有她一人是基督徒，其他家人都信仰关公，并且儿子是关公协会的成员。据了解，村里有二三十人信基督，40 岁以下没几个，年老的人多一点。她们在安息日那天会讲道，看《圣经》。

自助食堂：2013 年开始创办，已坚持六年，政策支持一年 2 万，但不够。食堂环境干净，内部关系和谐。70 岁以上的老人在食堂吃饭，每人每月上交 100 元，每天都有肉，老人想吃什么，食堂就做什么。

采访人物：景巧娃

景巧娃，关帝阁看门的老太太，自愿看守关帝阁二十年，从不收钱。据老太太描述，关帝阁除了在关公的盛大节日会开放，也会在初一、十五烧香礼拜，每年有很多外地人到此，如新加坡，马来西亚等外国人。在关公生日那天，有唱戏、跳舞、锣鼓队活动展示，并且在那天讲究认祖归宗，续家谱。清明那天，先去常平，再去关郎墓。结婚或出嫁在关帝阁前要上马、下马，小孩子过满月要系红绳，好多人自愿认在关公跟前，做义子。

村里每年会评好人好事好媳妇。

采访人物：郭香元

郭香元，现在村里的自助食堂负责做饭、打杂。少年丧父，中年丧夫，晚年丧子，三子一女，大儿子 56 岁，在乌鲁木齐一家生产资料公司工作，二儿子去世，三儿子和儿媳在西安打饼，女儿周淑慧在运城学院教书。二儿媳被大家评为好媳妇，老人夸赞说，二媳妇从来不和她发生争执，孝顺她，给她买衣服，买好吃的，有好饭叫她，有时食堂活计比较多或者比较累，比较辛苦的活媳妇会帮忙干，并且媳妇除了干活还要照顾孙子。老人还说道，媳妇比闺女还好，百依百顺，有事商量，事事为她操心，祖孙四世同堂，老人感到自己很幸福。

采访人物：古庙琴

古庙琴，西古村原妇女主任，老党员。1969—1984 年之间、2002—2014 年之间都曾任西古村妇女主任。她介绍，村里 30 多年前就有自来水，村民家里条件好，主要经济来源是外出打饼子，他们认为很赚钱，即使上学出来工作也没打饼子赚得多。

村里的关氏族谱是 2014 年重新编写的，存放在关帝阁底下，由关公协会下发，可免费去领取。关姓每家都有家谱，有的有好几本，父辈一本，子辈一本。

关于好人好事好媳妇，村里都有特制的板面。村里风气比较好。

参考文献

1.专著研究

[1] 胡小伟 . 关公崇拜溯源 [M]. 山西：北岳文艺出版社，2009 年 .

[2] 赵波等 . 关公文化大透视 [M]. 北京：中国社会科学出版社，2001 年 .

[3] 郑土有 . 关公信仰 [M]. 北京：学苑出版社，1994 年 .

[4] 王志远、康宇 . 关公文化学 [M]. 北京：中国社会科学出版社，2015 年 .

[5] 宋洁 . 关公形象演变研究 [M]. 北京：中国戏剧出版社，2017 年 .

[6] 侯文正、刘益龄主编 . 关公文化旅游志 [M]. 山西：山西人民出版社，2006 年 .

[7] 梅铮铮 . 忠义春秋——关公崇拜与民族文化心理 [M]. 四川：四川人民出版社，1994 年 .

[8] 王西兰 . 关羽传 [M]. 山西：北岳文艺出版社，2014 年 .

[9] 朱正明 . 中国关帝文化寻踪 [M]. 北京：今日中国出版社，1996 年 .

[10] 梁志俊 . 人 · 神 · 圣关公 [M]. 山西：山西人民出版社，1993 年 .

［11］吴麦黄 . 关羽［M］. 山西：山西人民出版社，1992 年 .

［12］张志江 . 关公［M］. 北京：中国社会出版社，2009 年 .

［13］刘海燕 . 从民间到经典——关羽形象与关羽崇拜的生成演变史论［M］. 上海：上海三联书店，2004 年 .

［14］闫爱萍 . 关公信仰与地方社会生活［M］. 山西：山西人民出版社，2012 年 .

［15］荆学义 . 经典的传播：关公形象传播研究［M］. 北京：中央编译出版社，2014 年 .

［16］洪淑苓 . 关公民间造型之研究——以关公传说为重心的考察［M］. 台湾："国立"台湾大学文史丛刊，1995 年 .

［17］黄华节 . 关公的人格与神格［M］. 北京：商务印书馆，1995 年 .

［18］［日］渡边义浩 . 关羽：神化的《三国志》英雄［M］. 李晓倩译，北京：北京联合出版公司，2017 年 .

［19］关森柱 . 关氏族谱［M］. 山西：山西人民出版社，2013 年 .

［20］关新刚 . 关圣氏族［M］. 河南：中州古籍出版社，2019 年 .

［21］关新刚 . 关公在河东［M］. 山西：山西出版传媒集团三晋出版社，2013 年 .

2.理论书目

［1］［法］列维 · 布留尔 . 原始思维［M］. 丁由译，北京：商务印书馆，1981 年 .

［2］［美］杜赞奇 . 文化、权力与国家——1900~1942 年的华北农村［M］. 王福明译，江苏：江苏人民出版社，1994 年 .

[3][英] J.C. 亚历山大著、邓正来编 . 国家与市民社会 [M]. 北京：中央编译出版社，2002 年 .

[4][法] 莫里斯 · 哈布瓦赫 . 论集体记忆 [M] . 毕然、郭金华译，上海：上海人民出版社，2002 年 .

[5][德] 阿斯特丽特 · 埃尔、冯亚琳主编 . 文化记忆理论读本 [M] . 北京：北京大学出版社，2012 年 .

[6][德] 辛格霍夫 . 我们为什么需要仪式 [M] . 刘永强译，北京：中国人民大学出版社，2009 年 .

[7][法] 爱弥儿 · 涂尔干 . 宗教生活的基本形式 [M]. 北京：商务印书馆，2011 年 .

[8][美] 詹姆斯 · 凯瑞 . 作为文化的传播 [M]. 丁未译，北京：中国人民大学出版社，2019 年 .

[9][美] 希尔顿 . 论传统 [M] . 吕乐等译，上海：上海人民出版社，1984 年 .

[10] 费孝通 . 乡土中国 · 生育制度 · 乡土重建 [M] . 北京：商务印书馆，2011 年 .

[11] 费孝通 . 社会调查自白 [M]. 北京：知识出版社，1985 年 .

[12] 费孝通 . 中国文化的重建 [M] . 上海：华东师范大学出版社，2014 年 .

[13] 费孝通 . 行行重行行 [M] . 北京：群言出版社，2014 年 .

[14] 王铭铭 . 村落视野中的文化与权利——闽台三村五论 [M] . 北京：生活 · 读书 · 新知三联书店，1997 年 .

[15] 吕大吉 . 宗教学通论新编 [M] . 北京：中国社会科学出版社，2010 年 .

[16] 李向平. 信仰、革命与权力秩序——中国宗教社会学研究[M]. 上海：上海人民出版社，2006年.

[17] 阴法鲁. 中国古代文化史[M]. 北京：北京大学出版社，2008年.

[18] 于建嵘. 岳村政治：转型期中国乡村政治结构的变迁[M]. 北京：商务印书馆，2001年.

[19] 王沪宁. 当代中国村落家族文化——对中国现代化的一项探索[M]. 上海：上海人民出版社，1991年.

[20] 廖申白、孙春晨. 伦理新视点[M]. 北京：中国社会科学出版社，1997年.

[21] 杨伯峻. 春秋左传注[M]. 北京：中华书局，1990年.

[22] 陈寿撰. 三国志·关羽传[M]. 北京：中华书局，2016年.

[23] 宋洁. 论当代文学的民间资源[M]. 北京：中国社会科学出版社，2010年.

[24] 甘满堂. 村庙与社区公共生活[M]. 北京：社会科学文献出版社，2007年.

[25] 南怀瑾. 中国文化泛言[M]. 上海：复旦大学出版社，2007年.

[26] 李亦园. 文化的图像》(下卷)，允晨文化实业股份有限公司，1992年.

[27] 段友文. 黄河中下游家族村落民俗与社会现代化[M]. 北京：中华书局，2007年.

[28] 段友文. 山西古村镇民俗与非物质文化遗产调查研究[M]. 山西：三晋出版社，2015年.

[29]段友文.古村镇文化景观整体保护与扶贫策略研究[M].北京：中国社会科学出版社，2016年.

[30]黄健.界岸人家：一个中国村庄的集体记忆[M].江苏：江苏人民出版社，2017年.

[31]李培林.村落的终结：羊城村的故事[M].北京：商务印书馆，2004年.

[32]王媖娴.随“俗”而作[M].北京：北京大学出版社，2015年.

[33]吕宗力、栾保群.中国民间诸神[M].河北：河北教育出版社，2001年.

3.主要论文

[1]王铭铭.小地方与大社会——中国社会人类学的社区方法论[J].《民俗研究》，1996年第4期.

[2]张东赞.祭祀活动：宗教和理性之间的调节剂——祭祀在华夏文化生态龛中的多维度分析[J].《湖北社会科学》，2019年第10期.

[3]邵凤丽.当代祭祖礼仪传统重建的生命力[J].《文化遗产》，2018年第4期.

[4]王学典.在创造历史中研究历史[J].《史学理论研究》，2006年第4期.

[5]王子涵.宗教传承的时空建构——“集体记忆”的能动性理解[J].《世界宗教文化》，2019年第2期.

[6]田毅鹏.转型期社会原子化动向挤兑社会工作的挑战[J].

《社会学研究》，2009 年第 7 期 .

［7］冯刚 . 整合与链合——法人团体在当代社区发展中的地位［J］.《社会学研究》，2002 年第 4 期 .

［8］牟中鉴 . 关于宗教与社会主义关系的思考［J］.《中央民族大学学报》，1999 年第 5 期 .

［9］龙文军等 . 乡村文化振兴的现实解释与路径选择［J］.《农业经济问题》，2019 年第 12 期 .

［10］李元勋、李魁铭 . 德治视角下健全新时代乡村治理体系的思考［J］.《新疆师范大学学报》（哲学社会版），2019 年第 2 期 .

［11］张志敏 . 乡村振兴背景下空心的形成与复兴路径研究——以 Z 省 S 县陈村为例［J］.《中国社会科学院研究生院学报》，2019 年第 4 期 .

［12］黄博 . 乡村振兴战略与村民自治：互嵌、诉求与融合［J］.《求实》，2020 年第 1 期 .

［13］郑立新、罗鹏 . 乡村振兴视域中的农民主体作用、制约因素及路径选择——基于湖南岳阳乡村的调查与思考［J］.《云梦学刊》，2020 年第 1 期 .

［14］杨郁、刘彤 . 国家权力的再嵌入：乡村振兴背景下村庄共同体再建的一种尝试［J］.《社会科学研究》，2018 年第 5 期 .

［15］顾海燕 . 乡村文化振兴的内生动力与外在激活力：日常生活方式的文化治理视角［J］.《云南民族大学学报》（哲学社会版），2020 年第 1 期 .

［16］宋建晓 . 台湾妈祖信俗与乡土社会的互动发展研究［J］.《世界宗教研究》，2019 年第 4 期 .

［17］［德］哈贝马斯 . 关于公共问题的答问［J］.《社会学研究》，1999 年第 14 期 .

［18］吴理财、夏国锋 . 农民公共文化生活的衰落与复兴——以安徽省农村文化调查为例［J］.《学习月刊》，2006 年第 15 期 .

［19］王嫫娴 . 民间信仰与乡土社会公共生活的构建：基于鲁中地区颜文姜信仰活动的考察［J］.《西北民族大学学报》（哲学社会版），2012 年第 5 期 .

［20］许晓 . 从断裂到整合：对乡村振兴的政治社会学考察——基于冀西北地区 X 村的个案研究［J］.《求实》，2020 年第 1 期 .

［21］杨丽 . 论西古村关公信仰的当代传承［J］.《运城学院学报》，2018 年第 5 期 .

［22］宋洁 . 现代性背景下关公信仰的意义与价值［J］.《运城学院学报》，2016 年第 2 期 .

［23］宋洁 . 民间文化对当代文学的启示［J］.《文艺争鸣》，2009 年第 12 期 .

［24］宋洁 . 贾平凹与民间文化［J］.《当代文坛》，2009 年第 4 期 .

［25］罗寿龙 . 农村宗教信仰的伦理考量——基于建始县农村的调查研究［J］. 华中师范大学博士学位论文，2014 年 .

［26］阙祥才 . 农村民间信仰的知识社会学考察［J］. 武汉大学博士学位论文，2010 年 .

［27］尹韵公 . 正史中的关羽与演义里的关公［J］.《光明日报》，1994 年 .

［28］孟海生．“关公文化”立名小议,《运城日报》, 1996 年．

［29］刘学智．〈吕氏乡约〉与〈蓝田新乡约〉》,《光明日报》, 2018 年第 11 版．

［30］胡仁智．“乡规民约”的独特法律文化价值》,《光明日报》, 2018 年第 11 版．

后　记

记得十七年前，SARS 疫情蔓延之时，我正在着手写作硕士论文。那时有些不知天高地厚，选择了“鲁迅的‘人学’思想研究”这块硬骨头去啃，至今想起来都佩服自己的勇气。2020 年的岁末年初，新冠肺炎又开始肆虐，每天禁足在家，省却了人情往来，整个寒假我又沉下心来，开始了这本书的整理写作。十七年时间过去了，回首往事，早已物事人非。慨叹之余，也会扪心自问，写这些书有无意义？转念一想，且不去管它，许多事只有在做了之后才能发现其意义所在，所谓“入山不必太深，下笔不必太浓”，不需要太苛求自己。人生中愉快飞扬的日子总是很少，有项目在肩的时候，会很有压力很耗神；没有任务必须去完成时，生活很安逸，但又多少会感觉到有点无聊空虚。一切顺其自然，就像日子一样，慢慢地往前走吧。

自 2014 年始，我们团队就开始关注关公后裔这个群体。近几年曾先后多次赴临猗县关原头村、盐湖区龙居镇小曲村、北相镇西古村、解州镇曲村进行田野考察，调研关公文化传承现状。渐渐地，我们将关注点集中到关公后裔最为古老和庞大的嫡系集聚地——“圣裔庄”西古村，并多次深入村庄调研，访谈村民数十人次，掌握了大量第一手资料。在这里，首先需要感谢的是接受我们访谈的诸多关氏后裔，主要有：运城市关氏宗亲联谊会会长关森柱先生、小曲村的关公朴先生、关原头村的关英杰、关英才先生以及西古村的关公后裔们（村党支部书记关照辉、村原党支部书记关德成、村关氏宗亲会会长关攀峰以及西古村新乡贤代表——运城市关公文化学会会长关新刚、运城市向阳学校校长关信革夫妇、运城市城投公司副总关战兵等），他们都能热情接待，全力配合我们的访谈，知无不言，坦诚相待，着实令我们感动。本项目的顺利完成，也更坚定了我们“高校科研应服务于地方社会，实现专业研究与地方文化建设的双赢”这一思路和决心。

感谢为该项目默默奉献、辛勤付出的团队成员们。令狐兆鹏、杨晶晶两位老师，杨双源、武皓、王雅洁、柴博松、陈立立、李思美、张焯、薛文宇等八位同学都不同程度参与了该项目的田野调查和资料搜集整理工作，尤其是令狐兆鹏老师还于百忙之中撰写了第五章“关公文化视域下西古村公共空间的建构”，在此也特表谢意。

本书能够如期面世，还需要感谢家人的理解、支持和无私付出，感谢责任编辑赵宇欣女士的热诚、严谨和对书稿的严格把关。虽是薄薄的一本小书，却凝聚了很多人的心血。无以为报，只有真诚地道一声谢谢！

宋洁

2020 年 7 月 8 日